Jürgen Hesse
Hans Christian Schrader

Testtraining neue deutsche Rechtschreibung

Eignungs- und Einstellungstests sicher bestehen

Fehlerfrei schreiben im Job

Beruf & Karriere exakt

STARK

Die Autoren
Jürgen Hesse, Jahrgang 1951, geschäftsführender Diplompsychologe im Büro für Berufsstrategie, Berlin.
Hans Christian Schrader, Jahrgang 1952, Diplompsychologe in Baden-Württemberg.

Anschrift der Autoren
Büro für Berufsstrategie
Hesse/Schrader
Oranienburger Straße 4–5
10178 Berlin
Tel. 030 / 28 88 57–0
Fax 030 / 28 88 57–36
www.berufsstrategie.de

www.berufsstrategie-exakt.de
- Kostenloser Download von zusätzlichen Übungen
- Bearbeitungshilfen und Test-Tipps
- Informationen zu den wichtigsten Einstellungstests

ISBN 978-3-86668-380-8

www.stark-verlag.de
1. Auflage 2007

Inhalt

Einleitung

Die Überprüfung der Orthografie-Kenntnisse steht sehr häufig auf dem Test-Programm, wenn Sie sich in den verschiedensten Berufsfeldern bewerben. Und nicht selten ist das der Horror für Kandidaten, die sich mit genau diesem Wissensstoff schlecht auskennen und unsicher sind, was denn nun richtig und was falsch ist – ganz besonders nach der Einführung der Rechtschreibreform.
Rechtschreib-Tests werden im öffentlichen Dienst, hier typischerweise in allen Amtsstuben-Bereichen u. a. bei der Polizei, bei der Feuerwehr, sowie in vielen kaufmännischen aber auch handwerklichen Arbeitsbereichen durchgeführt.
Mit diesem Testtrainings-Buch setzen wir die erfolgreiche Reihe unserer Spezial-Testtrainings-Themen fort und bieten Ihnen ein fundiertes Lernprogramm zu den ab 1. August 2006 verbindlichen Rechtschreibregeln an, das auch typische Formen von Rechtschreib-Testaufgaben enthält, wie Sie Ihnen in einer Auswahl und Prüfungssituation begegnen können.
Dabei wollen wir Ihnen zunächst den Hintergrund der Rechtschreibreform erläutern und die großen Gebiete der Veränderung im Einzelnen vorstellen, bevor wir in den konkreten Test- und Trainingsteil mit 36 Übungen einsteigen. Die wichtigsten Neuschreibungen werden am Ende des Buches noch einmal aufgelistet – zum Lernen und Nachschlagen.

Die Neuregelung der deutschen Rechtschreibung: Warum wurde das Känguruh zum Känguru?

Seit dem 1. August 2006 gelten in Deutschland, Österreich und der Schweiz sowie in allen deutschsprachigen Teilen Europas neue Rechtschreibregeln. Der Streit der Verfechter der verschiedenen Positionen – ob eine Reform notwendig sei und wie diese auszusehen habe – schlug enorme Wellen, die in Deutschland schließlich sogar ein Urteil des Bundesverfassungsgerichts notwendig machten. Worum ging es eigentlich bei dieser Reform, von der viele Bürger erst Notiz nahmen, als sie in den Zeitungen Schlagzeilen wie »Uns steht ein rauer Winter bevor« oder »Aufwändige Speisen sind nicht mehr so gefragt« lasen?

Seit mehreren Jahrhunderten schon gibt es Bemühungen, die verworrene Struktur der deutschen Orthografie zu regeln und zu vereinheitlichen. Die Unübersichtlichkeit entstand, da unser Alphabet aus dem Lateinischen übertragen und nicht speziell für das Deutsche entwickelt worden war. Bis in die zweite Hälfte des 19. Jahrhunderts hinein existierte überhaupt noch keine einheitliche Rechtschreibung.

Erst 1876 lud der preußische Kultusminister Falk zur 1. Orthographischen Konferenz ein, deren Beschlüsse jedoch seitens der Länderregierungen überwiegend auf Ablehnung trafen. Auf der 2. Orthographischen Konferenz in Berlin 1901 wurde dann eine einheitliche Regelung für das gesamte deutsche Sprachgebiet beschlossen, die ab 1902 als verbindlich galt.

Allerdings waren wichtige Bereiche der deutschen Sprache aufgrund der Komplexität außer Acht gelassen worden, so zum Beispiel die Zusammen- und Getrenntschreibung sowie die Zeichensetzung. Der Gymnasiallehrer Konrad Duden hatte deshalb alle Mühe, in seinem 1880 erschienenen *Vollständigen orthographischen Wörterbuch der deutschen Sprache* möglichst viele dieser Zweifelsfälle aufzunehmen. So wurde der nach ihm benannte Duden mit jeder neuen Ausgabe umfangreicher. Leider aber trug das nicht gerade dazu bei, dass das Regelwerk auch

verständlicher wurde. Und der berühmte Spruch »Ausnahmen bestätigen die Regel« wurde teilweise ad absurdum geführt.
Ein paar Beispiele: So schrieb man früher *radfahren* aber *Autofahren, in bezug auf* aber *mit Bezug auf, baden gehen* aber *spazierengehen.*
Schließlich wurde der Ruf nach einer neuen, vereinfachten Rechtschreibung immer lauter. 1986, 1990 und dann nochmals 1994 fanden in Wien »Gespräche zur Neuregelung der deutschen Rechtschreibung« statt. 1996 wurden die Entwürfe zwischenstaatlich gebilligt und 1998 offiziell eingeführt. Eine Übergangszeit bis zum 31. Juli 2005 war vorgesehen.
1997 wurde die »Zwischenstaatliche Kommission für deutsche Rechtschreibung« einberufen. Sie sollte die Einführung der neuen Regeln sowie die öffentliche Diskussion beobachten und Unterstützung bei der Reformumsetzung geben.
Da die Reformkritik anhielt, versuchte die Kommission durch einige Regeländerungen die Kritik zu mindern. Den Kritikern gingen die Änderungen jedoch nicht weit genug. Die Ständige Konferenz der Kultusminister beschloss daraufhin, die Zwischenstaatliche Kommission durch den »Rat für deutsche Rechtschreibung« abzulösen.
Der Rat für deutsche Rechtschreibung nahm im Dezember 2004 unter dem Vorsitz des ehemaligen bayerischen Kultusministers Hans Zehetmair seine Arbeit auf. Der Rat, dem u. a. Schriftsteller, Verlage, Lehrer und Journalisten angehören, wurde beauftragt, das Regelwerk in den umstrittenen Bereichen Getrennt- und Zusammenschreibung, Zeichensetzung und Worttrennung zu überarbeiten. Die vom Rat für deutsche Rechtschreibung im März 2006 vorgelegten Regeländerungen sind von den politischen Entscheidungsträgern angenommen worden. Diese aktuelle Neufassung der Regeln ist seit dem 1. August 2006 allein verbindlich.

Die Übergangsregelung

Seit dem 1. August 2006 darf in den Schulen nur noch nach den verbindlichen neuen Rechtschreibregeln unterrichtet werden. Die alte

Regelung wird bis zum 1. August 2007, also dem Ende des Schuljahres 2006/2007, nicht als falsch angesehen – sie muss lediglich von Lehrerinnen und Lehrern bei der Korrektur als überholt gekennzeichnet werden.
Wichtig ist eigentlich nur, in dieser Übergangszeit bei der Orthografie konsequent zu bleiben, also entweder nur nach den neuen Regeln oder ausschließlich nach den alten zu schreiben. So ist man immer auf der »sicheren Seite«.

Die neue Rechtschreibung im Bewerbungsverfahren

Schriftliche Bewerbungen sind meist der erste Kontakt zum zukünftigen Job; nicht selten folgen schriftliche Eignungs- und Einstellungstests. Dieses Buch erklärt im Folgenden die neuen ab August 2006 geltenden Regeln, zeigt die gängigen Schreibweisen und bietet ein kompaktes Rechtschreib-Trainingsprogramm für Bewerber.
Denn wer den souveränen Umgang mit der neuen Rechtschreibung und Zeichensetzung demonstriert, beweist Flexibilität und Sicherheit: Alle heutigen Bewerber haben schließlich nach den alten Rechtschreibregeln schreiben und lesen gelernt, und wer sich die Anwendung der neuen Regeln ohne Zögern zutraut und dies auch in seinen schriftlichen Unterlagen oder in Prüfungssituationen wie dem Assessment-Center belegt, hinterlässt einen positiven Eindruck.

Was ändert sich im Einzelnen?

Vor der Reform gab es 212 Rechtschreibregeln. Diese wurden um fast die Hälfte reduziert; übrig blieben offiziell nur noch 112. Bei den Kommaregeln ist das Ergebnis weitaus drastischer: Früher musste man im Zweifelsfall bis zu 57 Kommaregeln durchforsten, um die jeweils zutreffende zu finden; heute sind es nur noch ganze neun!
Die Änderungen lassen sich in sechs Kapitel unterteilen:

1. Laut-Buchstaben-Zuordnung
2. Getrennt- und Zusammenschreibung
3. Schreibung mit Bindestrich
4. Groß- und Kleinschreibung
5. Zeichensetzung
6. Worttrennung am Zeilenende

Laut-Buchstaben-Zuordnung

› Auch wenn viele Menschen fälschlicherweise glauben, das *ß* sei im Zuge der Rechtschreibreform vollständig abgeschafft worden: Nur nach kurzen Vokalen wird *ß* durch *ss* ersetzt. So schreibt man jetzt *Kuss, Missfallen, Stress, er muss, sie lässt* etc. Wichtig zum Einprägen: Das *daß* entfällt durch die Neuregelung völlig. Man schreibt nur noch *dass*. Bei langem Vokal bzw. Diphthong bleibt das *ß* erhalten. Man schreibt weiterhin *Straße, Gruß, Strauß, Fleiß* etc.

› Zur Verwirrung führte oftmals, dass bestimmte Wörter und Wortformen im Deutschen nicht gemäß ihrem Wortstamm gebildet wurden. Die dadurch entstandene beträchtliche Anzahl an »Ausnahmen« versucht man nun zu verringern, indem die Schreibung eines Wortes oder einer Wortform der Schreibung des Wortstamms angeglichen wird. Deshalb heißt es jetzt beispielsweise *schnäuzen* statt *schneuzen*, da das Wort von *Schnauze* kommt, *platzieren* statt *plazieren* wegen *Platz*, *überschwänglich* statt *überschwenglich* wegen

Überschwang, Stängel statt *Stengel* wegen *Stange* sowie *Tollpatsch* statt *Tolpatsch,* weil man es heute dem Wort *toll* zurechnet.
Außerdem ist jetzt auch die Schreibweise *selbstständig* neben der weiterhin gültigen Form *selbständig* korrekt, weil es ja aus den Wörtern *selbst* plus *ständig* zusammengesetzt ist. Aber keine Regel ohne Ausnahme: Es bleibt zum Beispiel weiterhin bei *Eltern,* obwohl sich das Wort von *die Älteren* ableitet.

› Einzelfälle wurden systematisiert. So schreibt man jetzt *rau* statt *rauh,* analog zu *blau, grau, genau* etc. Das *Känguruh* wurde in Anlehnung an andere Tierarten wie *Gnu* und *Kakadu* zum *Känguru.*
› Wenn in zusammengesetzten Wörtern drei gleiche Vokale oder Konsonanten hintereinanderstehen, bleiben neuerdings immer alle drei erhalten. Deshalb schreibt man fortan, auch wenn das optisch ungewohnt wirkt, *Bestellliste, Teeei, Bitttag, Stofffetzen* etc. Wenn man sich damit überhaupt nicht anfreunden kann, weil man es als ästhetische Beleidigung empfindet, dann ist der Bindestrich die Rettung: Man darf durchaus, solange der Wortsinn dadurch nicht verfälscht wird, *Bestell-Liste, Tee-Ei, Bitt-Tag* und *Stoff-Fetzen* schreiben. Entsprechend bleibt bei der Endung *-heit* ein vorausgehendes *h* erhalten: So heißt es jetzt beispielsweise *Rohheit* statt *Roheit.*
› Bei Fremdwörtern kann (muss jedoch nicht!) das *ph* in *phon, phot* und *graph* durch *f* ersetzt werden. Beispiele dazu: *Fotosynthese* neben *Photosynthese, Mammografie* neben *Mammographie.* Allerdings werden Fremdwörter, die nicht mit diesen Silben gebildet werden, weiterhin so geschrieben wie bisher. Man studiert also immer noch *Philosophie,* erkrankt möglicherweise an *Rheuma,* singt gern eine *Strophe* oder ist ein *Leichtathletikstar.* Statt *-tial* und *-tiell* sind auch die neuen Schreibweisen *-zial* und *-ziell,* zum Beispiel in *essenziell, Potenzial* und *substanziell* korrekt.
› Generell ist eine eindeutige Tendenz zu verzeichnen, sich Wörter aus anderen Sprachen zu eigen zu machen. Ist ein Wort in der deutschen Sprache – oder einer anderen – heimisch geworden, bezeichnet man es als Lehnwort. Meistens tritt die neue Schreibung zuerst langsam neben die alte, bis sich die neue allmählich gegen die alte Schreibweise durchsetzt. Weil es viele Wörter gibt, die schon seit

Langem eingedeutscht sind, zum Beispiel *Allee, Komitee, Resümee* etc., gibt es jetzt die Möglichkeit, auch weitere Fremdwörter ins Deutsche zu integrieren. Das betrifft Wörter mit folgenden Vokalen und Konsonanten:

- gh, rh, th: Manchmal darf *gh, rh, th* zu *g, r, t* werden. So blamiert sich heute kein Gastwirt mehr, wenn er auf die Karte *Spagetti* statt *Spaghetti* schreibt oder *Jogurt* statt *Joghurt*. Neben *Katarrh* ist somit auch *Katarr* richtig, und der *Thunfisch* darf zum *Tunfisch* werden. Die jeweils alte Form bleibt aber neben der neuen bestehen.
- ai: Aus dem *Necessaire* darf, wie bisher schon bei *Mohär* oder *Militär*, das *Nessessär* werden. Natürlich ist die alte Schreibweise weiterhin korrekt.
- qu: Aus dem *qu* darf ein *k* werden, so ist jetzt beispielsweise ein *Kommunikee* genauso richtig wie ein *Kommuniqué*.
- ou: Aus *Bouclé* darf *Buklee* werden. Schließlich durfte man ja bisher auch schon *Nugat* neben *Nougat* schreiben.
- ch: Aus der vor allem bei Kindern beliebten Tomatensauce darf neben *Ketchup* auch *Ketschup* werden, aus *Chicorée*, dem leicht bitteren Gemüse, wird – ohne einen solchen Nachgeschmack zu hinterlassen – *Schikoree*.
- c: Wie Ihnen sicherlich schon bei der neuen Orthografie von *Nessessär* aufgefallen ist, darf bei Fremdwörtern aus dem *c* ein doppeltes *s* werden. Genauso verhält es sich bei der *Facette*, die nun auch *Fassette* geschrieben werden darf.

Getrennt- und Zusammenschreibung

› Bei Verbindungen aus einem Substantiv und einem Verb wird die Getrenntschreibung zum Normalfall. Schon früher schrieb man ja *Bus fahren* und *Flöte spielen*, aber im Gegensatz dazu *radfahren*. Dieser Unterschied wurde aufgehoben. Daher ist jetzt *Rad fahren, Maschine schreiben, Diät leben* etc. richtig.
Verbindungen, bei denen das Substantiv verblasst ist, also nicht mehr als eigenständiges Wort wahrgenommen wird, schreibt man

weiterhin zusammen, so wie *preisgeben (er gibt preis) leidtun (es tut mir leid)* oder *teilnehmen (wir nehmen daran teil).*

Bilden Substantiv und Verb eine untrennbare Zusammensetzung, dann bleibt es auch dabei: *schlafwandeln, schlussfolgern (sie schlussfolgert).*

Zusammen- und Getrenntschreibung ist jetzt korrekt bei: *achtgeben/Acht geben, achthaben/Acht haben, haltmachen/Halt machen, maßhalten/Maß halten, danksagen/Dank sagen.*

› Verbindungen aus einem Substantiv und einem Partizip kann man getrennt schreiben, wenn dies auch bei der entsprechenden Verbindung von Substantiv und der Infinitivform des Verbs, aus dem das Partizip gebildet wurde, der Fall ist. So heißt es zum Beispiel *Funken sprühend/funkensprühend* (von *Funken sprühen*) oder *Rat suchend/ratsuchend* (von *Rat suchen*). Hier kann die substantivierte Form der Verbindung jetzt übrigens analog auch *der/die Rat Suchende* statt *der/die Ratsuchende* lauten.

Weiterhin zusammengeschrieben werden dagegen *lichtdurchflutet* (von *von Licht durchflutet*) und *marktbeherrschend* (von *den Markt beherrschen*), da hier jeweils ein Wort, in den genannten Beispielen *von* und *den*, eingespart wird. Zusammengeschrieben wird auch, wenn Substantiv und Partizip mit einem Fugenelement verbunden sind: *meinungsbildend, altersbedingt.*

› Verbindungen aus zwei Verben, von denen eines im Infinitiv steht, schreibt man im Allgemeinen getrennt. *Spazieren führen* wird daher ebenso wie *schätzen lernen* getrennt geschrieben. *Im Wald spazieren gehen* ist ebenso richtig wie *mit etwas baden gehen.*

Bei Verbindungen mit *bleiben* und *lassen* als zweitem Bestandteil ist bei übertragener Bedeutung auch Zusammenschreibung korrekt: *in der Schule sitzen bleiben/sitzenbleiben* (aber: *auf dem Stuhl sitzen bleiben*); *Diese Sache muss jetzt liegen bleiben/liegenbleiben.* Auch bei *kennen lernen/kennenlernen* sind beide Schreibweisen korrekt.

› Getrenntschreibung gilt auch für Verbindungen aus einem Partizip und einem Verb: *Mir ist der Schlüssel verloren gegangen, sie wurde gefangen genommen* etc. Wenn nicht eindeutig ist, ob eine übertragene Gesamtbedeutung vorliegt, kann getrennt oder zusammengeschrieben werden: *verloren geben/verlorengeben, verloren gehen/verlorengehen.*

- Bei Verbindungen aus Adverb und Verb kann über die Betonung geprüft werden, ob ein selbstständiges Adverb (obligatorische Getrenntschreibung) oder ein Verbzusatz (obligatorische Zusammenschreibung) vorliegt. *Du musst rückwärts einparken.* Hier trägt das Verb den Hauptakzent: Getrenntschreibung. *Dieses Kind kann nicht gut rückwärtslaufen.* Die Betonung liegt auf dem Verbzusatz: Zusammenschreibung.
- Es wird prinzipiell zusammengeschrieben, wenn der erste Teil der Zusammensetzung die Merkmale frei vorkommender Wörter verloren hat: *abhandenkommen, anheimstellen, einhergehen, vorliebnehmen, überhandnehmen, zurechtkommen* etc.
- Verbindungen mit dem Verb *sein* müssen getrennt geschrieben werden: *um sein, zusammen sein, da sein, durch sein* etc.
- Verbindungen aus Adjektiv und Verb werden zusammengeschrieben, wenn die Verbindung eine neue, übertragene Gesamtbedeutung hat: *im Protokoll festhalten, einen Sachverhalt richtigstellen, seinen Gegner kaltstellen.*

  Verbindungen aus Adjektiv und Verb können aber getrennt oder zusammengeschrieben werden, wenn das Adjektiv das Ergebnis der vom Verb benannten Tätigkeit beschreibt: *die Zwiebel klein schneiden/kleinschneiden, den Nachtisch kalt stellen/kaltstellen.*
- Bei Verbindung aus Präposition und Substantiv ist häufig Getrennt- oder Zusammenschreibung möglich: *zuwege bringen* beziehungsweise *zu Wege bringen, instand halten* beziehungsweise *in Stand halten, zugrunde gehen* beziehungsweise *zu Grunde gehen.* Weitere Beispiele: *anstelle/an Stelle, aufgrund/auf Grund, infrage/in Frage* etc.
- Sind ein Adjektiv und ein Partizip oder zwei Adjektive miteinander verbunden, so werden die beiden Bestandteile getrennt geschrieben, wenn das Partizip vorne steht *(leuchtend blau, glühend heiß)* oder wenn der erste Bestandteil eine Ableitung auf *-ig, -isch* oder *-lich* ist *(bräunlich gelb* etc.).

  Auch bei Verbindungen mit einfachen (nicht zusammengesetzten, nicht erweiterten und nicht abgeleiteten) Adjektiven ist Getrennt- oder Zusammenschreibung korrekt: *allgemein gültig/allgemeingültig, schwer krank/schwerkrank, leicht verdaulich/leichtverdaulich.* Sind die Adjektive zusammengesetzt oder erweitert, wird immer getrennt geschrieben: *hellblond färben, blitzblank putzen.*

- Wie bereits bei *so viele* und *wie viele* wird jetzt auch *so viel* und *wie viel* getrennt geschrieben. Beispiel: *So viel für heute!* Nur bei der Verwendung als Konjunktion bleibt die Zusammenschreibung erhalten: *Soviel ich weiß, …*
- Alle Verbindungen mit *irgend* werden nun zusammengeschrieben: *Irgendetwas behagt mir an der Sache nicht. Irgendjemand hat mein Brot gegessen.* Erweiterungen mit *so* werden aber weiterhin getrennt geschrieben: *irgend so ein, irgend so etwas.*

Schreibung mit Bindestrich

- In Ziffern geschriebene Zahlen werden in Zusammensetzungen mithilfe eines Bindestrichs vom Rest des Wortes abgehoben. Man schreibt daher *7,5-Tonner, 8-tägig, 2-monatlich, 8-jährig, 6-Jähriger, 100-prozentig* etc.
- Wie gehabt steht allerdings kein Bindestrich, wenn an die Ziffer eine Nachsilbe angehängt ist, so wie bei *60stel, 10%ig, 10er* etc. Bei Verbindung mit *-fach* ist die Schreibung mit und ohne Bindestrich möglich: *8fach* oder *8-fach*. Die *30er-Zone* dagegen schreibt man natürlich mit einem Bindestrich, allerdings erst hinter der Nachsilbe.
- Ein Bindestrich kann allgemein in folgenden Fällen neu gesetzt werden: um einzelne Bestandteile einer Zusammensetzung von den anderen abzuheben, um beim Lesen mögliche Missverständnisse zu vermeiden oder wenn drei gleiche Vokale oder Konsonanten hintereinanderstehen. Beispiele: *Warm-laufen-Lassen* (neben Warmlaufenlassen), *Klee-Ernte* (neben *Kleeernte*), *Werkstoff-Forschung* (neben *Werkstoffforschung*) etc.
- Mehrgliedrige Anglizismen werden grundsätzlich zusammengeschrieben, können aber auch zur Verdeutlichung oder um der Übersichtlichkeit willen mit Bindestrich gegliedert werden. Also: *Flipchart* neben *Flip-Chart, Productplacement* neben *Product-Placement* und *Fulltimejob* neben *Fulltime-Job*. Bei englischsprachigen Verbindungen

aus Adjektiv und Substantiv wird jetzt in der Regel getrennt ohne (!) Bindestrich geschrieben, die Zusammenschreibung ist aber auch erlaubt, wenn der Hauptakzent auf dem ersten Bestandteil liegt – zum Beispiel bei *Free Climbing* beziehungsweise *Freeclimbing* oder bei *Wild Card* beziehungsweise *Wildcard*.

Groß- und Kleinschreibung

- Man schreibt Substantive, die mit einer Präposition in ein festes Wortgefüge eingebunden sind, jedoch nicht mit dieser zusammengeschrieben werden, groß. Es heißt also *in Bezug auf, außer Acht lassen* und *sich in Acht nehmen.*
- Ebenfalls groß schreibt man Substantive, die mit einem Verb in ein festes Wortgefüge eingebunden sind, aber mit diesem nicht zusammengeschrieben werden: *Schuld* beziehungsweise *Angst haben, Recht sprechen* etc. Groß- und Kleinschreibung ist neu korrekt bei Verbindungen von *Recht* und *Unrecht* mit den Verben *behalten, bekommen, geben, haben* und *tun.*
- In Verbindung mit allen Formen der Verben *sein, bleiben* und *werden* schreibt man *Angst, Bange, Gram, Leid, Schuld* und *Pleite* weiterhin klein, zum Beispiel in: *Mir wird angst und bange, und Sie sind schuld daran.*
- Substantivierte Adjektive als Ordinal- beziehungsweise Ordnungszahlen werden großgeschrieben: *Er lief als Fünfter durchs Ziel, er kam sofort als Erster dran, er schuftet wie kein Zweiter* etc. Unbestimmte Zahladjektive wie *als Letzter, fürs Erste, nicht das Geringste, im Großen und Ganzen* werden ebenso großgeschrieben wie substantivierte Adjektive in festen Wendungen: *etwas im Unklaren lassen.*
- Taucht in einem Text eine Sprache in Zusammenhang mit einer Präpositionen auf, so wird die Sprache stets großgeschrieben: *ein Kreuzworträtsel auf Italienisch lösen, eine in Russisch abgefasste Ansprache halten* etc.
- Tageszeiten mit davorstehendem *(vor)gestern, heute, (über)morgen* werden ebenfalls großgeschrieben: *morgen Mittag, vorgestern Nacht* etc. Bei der substantivischen Zusammensetzung von Wochentag und

Tageszeit wird ebenfalls zusammengeschrieben: *am Montagmorgen* im Gegensatz zu dem Adverb *montagmorgens*.

- Es bleibt aber bei *von fern, von klein auf, über kurz oder lang, grau in grau, zu eigen, schwarz auf weiß*. Groß- und Kleinschreibung ist korrekt bei *seit langem/Langem, seit kurzem/Kurzem, seit längerem/Längerem* etc. Hier ist das Adjektiv dekliniert.
- Bei substantivierten Superlativen mit *aufs* ist sowohl Groß- als auch Kleinschreibung möglich: *aufs angenehmste/aufs Angenehmste, aufs gelungenste/aufs Gelungenste*, wobei die Großschreibung die empfohlene Version ist.
- Adjektive in sogenannten Paarformeln, die nicht deklinierbar sind – wie *Jung und Alt, Falsch und Richtig, Hoch und Niedrig* –, werden großgeschrieben.
- In feststehenden Fügungen aus Adjektiv und Substantiv wird Ersteres kleingeschrieben, wenn es sich nicht um einen Eigennamen handelt. Beispiele: *das neue Jahr, die schwarze Magie, der rote Teppich, die silberne Hochzeit, das olympische Feuer, das große Los* etc. Bei Verbindungen mit einer neuen Gesamtbedeutung kann großgeschrieben werden: *der weiße Tod/der Weiße Tod, die rote Karte/die Rote Karte, die erste Hilfe/die Erste Hilfe, das schwarze Brett/das Schwarze Brett*.
  Großschreibung gilt hingegen weiterhin bei Titeln, Ehren- und Amts- sowie Funktionsbezeichnungen: *Ihre Kaiserliche Hoheit, der Ehrwürdige Vater, der Regierende Bürgermeister, der Erste Geiger* etc.
  Außerdem werden klassifizierende Bezeichnungen in Botanik und Zoologie generell großgeschrieben: *die Rote Beete, die Schwarzen Johannisbeeren, die Mongolische Rennmaus, der Weiße Hai* etc.
  Kalendertage wie der *Heilige Abend* oder der *Erste Weihnachtsfeiertag* werden ebenfalls großgeschrieben. Bei historischen Ereignissen wie dem *Zweiten Weltkrieg* und dem *Schwarzen Freitag* bleibt es auch bei der Großschreibung.
- Wenn aus Eigennamen Adjektive auf *-isch* oder *-sch* gebildet werden, schreibt man diese in der Regel klein: *der gregorianische Kalender, die pawlowschen Hunde* etc. Man kann aber auch groß und mit einem Apostroph schreiben, um den Namen in seiner Grundform zu betonen: *die Shakespeare'sche Tragödie, die Grimm'schen Märchen*.

- Die Anredepronomen *du* und *ihr* sowie die besitzanzeigenden Fürwörter *dein* und *euer* können im persönlichen Schriftverkehr neuerdings kleingeschrieben werden. Allerdings bleibt bei den Höflichkeitsformen *Sie* und *Ihr* die Großschreibung bestehen. Also: *Wenn du/Du magst, besuche ich dich/Dich. Ich liebe deinen/Deinen neuen Haarschnitt. Ich schicke Ihnen heute meine Bewerbung.*

Die Zeichensetzung

Zur neuen Zeichensetzung gibt es vor allem eines zu sagen: Sie ist einfacher geworden und räumt dem Schreibenden teilweise größere Freiheit ein. Die wichtigsten neuen Regeln sind:

- Wenn zwei vollständige Hauptsätze mit *und, oder beziehungsweise, weder … noch, entweder … oder* verbunden sind, dann ist das Komma vor der Konjunktion nicht mehr unbedingt erforderlich. Man darf also schreiben: *Ich ging zu einer Party und er blieb lieber zu Hause.* Aber auch: *Ich ging zu einer Party, und er blieb lieber zu Hause.* Zum besseren Verständnis sollte allerdings in Fällen wie bei *Ich weckte meinen Bruder und meine Schwester lief durchs Treppenhaus* unbedingt ein Komma vor *und* gesetzt werden, weil man sonst beim Lesen im ersten Augenblick denken könnte, es handele sich bei *meinen Bruder und meine Schwester* um eine Aufzählung.
  Achtung: Sind zwei Hauptsätze durch z. B. *aber* oder *sondern* verbunden, muss wie bisher ein Komma gesetzt werden. *Ich ging zu einer Party, aber er blieb lieber zu Hause.*
- Infinitiv- und Partizipgruppen werden am Satzanfang oder -ende nur noch dann durch ein Komma abgetrennt beziehungsweise in der Mitte des Satzes von zwei Kommas eingeschlossen, wenn damit der Aufbau eines Satzes deutlicher wird. Man darf daher schreiben: *Ich versuchte das Auto selbst zu reparieren.* Trotzdem ist ein Komma hier weiterhin nicht falsch: *Ich versuchte, das Auto selbst zu reparieren.*
- Ein Komma beziehungsweise zwei Kommas zu setzen wird aber zwingend erforderlich, wenn die Infinitiv- oder Partizipgruppe

durch einen konkreten Hinweis angekündigt oder aufgenommen wird respektive wenn sie gänzlich aus der Satzkonstruktion heraussticht: *Leonardo DiCaprio zu sehen, das war schon immer mein heimlicher Wunsch.* Bei bloßem Infinitiv kann das Komma auch dann weggelassen werden, wenn der Infinitiv durch ein hinweisendes Wort angekündigt wird oder von einem Substantiv abhängt: *Ich freue mich darauf zu kommen.* Auch richtig: *Ich freue mich darauf, zu kommen. Er fällte die Entscheidung zu kaufen.* Oder: *Er fällte die Entscheidung, zu kaufen.*

- Infinitivgruppen müssen aber mit Kommas abgegrenzt werden, wenn sie mit *als, [an]statt, außer, ohne* oder *um* eingeleitet sind. *Sie fuhren an die Ostsee, ohne vorher ein Hotel gebucht zu haben.*
- Man kann jetzt wie im Englischen einen Apostroph setzen, um die Genitivendung an die Grundform eines Namens anzuhängen. Aber Vorsicht: Viele Menschen, darunter auch potenzielle Arbeitgeber, empfinden diese Regel als eine der schlimmsten überhaupt und bekommen jedesmal das Grauen, wenn sie »*Gaby's gemütliches Eck*« etc. sehen.

Worttrennung am Zeilenende

Während Sie die folgenden Regeln verinnerlichen, sollten Sie niemals vergessen, dass das wichtigste Kriterium bei der Trennung am Zeilenende die Verständlichkeit eines Wortes ist. Aus unbedachten oder automatisch vom Computer erzeugten Trennungen können nämlich sinnentstellte Wörter entstehen wie *Urin-stinkt* statt *Ur-instinkt*.

- »Trenne nie *st*, denn das tut ihm weh.« Wer stolz darauf war, sich diese Regel eingeprägt zu haben, wird hier enttäuscht. Denn von nun an werden zum Beispiel die Wörter *Os-ten, ras-ten* und *rüs-tig* grundsätzlich zwischen *s* und *t* getrennt.
- Das *ck* wird nicht mehr durch *kk* ersetzt und auch nicht mehr in der Mitte getrennt. Die neuen Schreibungen sind *kna-ckig, lo-cken* und *We-cker*.

- Bei Fremdwörtern kann jetzt nach Sprechsilben getrennt werden (bei zwei aufeinanderfolgenden Konsonanten oder Vokalen heißt das: zwischen den beiden Buchstaben), man darf sie jedoch auch weiterhin trennen wie gehabt. Die neuen Trennungen sind: *Mak-ro, Res-pekt, Konzent-ration, Mag-net* und *Feb-ruar*. Aber auch diese Trennungen sind zulässig: *Ma-kro, Re-spekt, Konzen-tration, Ma-gnet* und *Fe-bruar*.
- Die Option, Wörter nach Sprechsilben zu trennen, gilt nicht nur für Fremdwörter, sondern auch für Wörter, die allgemeinsprachlich nicht mehr als Zusammensetzungen angesehen werden: *Inte-resse, he-rab, da-rin*. Aber auch *Inter-esse, her-ab* oder *dar-in* wie vor der Rechtschreibreform darf man weiterhin trennen.
- Die Regel, dass ein einzelner Vokal am Wortanfang oder Wortende nicht getrennt werden darf, gilt weiterhin. Bei *Aroma, Elektrizität* und *Amis* darf folglich der Vokal am Wortanfang nicht abgetrennt werden. Bei *Kleie* und *blaue* ist hingegen der Vokal am Wortende untrennbar. Neu ist, dass Einzelvokale – analog den Sprechsilben – in der Wortmitte getrennt werden können: *Ru-ine, nati-onal, The-ater*. In diesen Fällen sind die alten Trennungen aber nicht falsch: *Rui-ne, natio-nal, Thea-ter*.

Hinweise zum Umgang mit diesem Buch

Mit den Übungen in diesem Buch können Sie alle neuen Regeln intensiv trainieren. Die Anordnung der Übungen folgt dabei nicht streng der Reihenfolge des Regelteils, sondern soll durch Abwechslung den Lern- und Übungseffekt erhöhen. Wundern Sie sich also nicht, dass immer mal wieder eine Übung zur Getrennt- und Zusammenschreibung auftaucht – so werden Sie ständig aufs Neue gefordert.

Neben den vielen Übungen in diesem Buch, mit deren Hilfe Sie sich an die neuen orthografischen Regelungen gewöhnen sollen, dient ein *Kleines Praxis-Wörterbuch zur neuen Rechtschreibung* am Schluss dazu, sich schnell einen Überblick über die wichtigsten beziehungsweise am häufigsten vorkommenden Änderungen zu verschaffen.

Denn: Niemand kann sich schließlich alle neuen Schreibweisen sofort einprägen – dazu sind sie auch mitunter nicht logisch genug. Bedenken Sie, dass Sprachwissenschaftler auch nur Menschen sind, denen das eine oder andere Detail entgehen kann.

Benutzen Sie das *Praxis-Wörterbuch* also immer, wenn in Ihnen ein leiser Zweifel an einer Schreibweise aufkeimen sollte. Und schämen Sie sich nicht, wenn Ihnen auffällt, dass Sie einen Begriff nun schon viermal nachgeschlagen haben: Nur so können Sie ihn wirklich in Ihrem Gehirn verankern!

Falls Sie bei der Überprüfung Ihrer Ergebnisse mithilfe des *Lösungsverzeichnisses* merken, dass Sie nicht mehr genau wissen, weshalb ein bestimmtes Wort nach der neuen Rechtschreibung anders geschrieben, ein Komma weggelassen oder ein Trennstrich nicht mehr wie gewohnt gesetzt wird, schlagen Sie am besten noch einmal die betreffende Regel im Kapitel II *Was ändert sich im Einzelnen?* nach.

Und noch ein Rat: Bitte bedenken Sie, dass die Übungen so konzipiert wurden, dass alle Schwierigkeiten geballt auf Sie zukommen. Auch die Autoren selbst konnten die Aufgaben nur erstellen, indem sie eine ganze Batterie von Wörterbüchern konsultiert haben! Es soll Ihnen

nur ein Weg eröffnet werden, sich auf einfache und praktische Art und Weise mit der Rechtschreibreform vertraut zu machen.
Sehen Sie die Übungen und vor allem die zeitlichen Maßgaben als unverbindliche Vorgaben an – und verzweifeln Sie nicht, wenn Sie die Aufgaben nicht in der vorgegebenen Zeit lösen können. Zur Aufmunterung widmen Sie sich doch einfach zwischendurch einmal der Lektüre von Tageszeitungen: Sie werden sehen, dass andere Menschen auch ihre Probleme mit den neuen Regeln haben.
Und nun: Viel Spaß und viel Erfolg bei den Übungen!

Übungen zur neuen Rechtschreibung

1. Wort- und Sprachverständnis: Wörter erkennen

Zum Einstieg können Sie bei dieser Übung Ihr Abstraktionsvermögen trainieren. Hier geht es nur darum, die Wörter, die sich hinter dem jeweiligen »Buchstabensalat« verbergen, zu erkennen und richtig aufzuschreiben. Sie haben 5 Minuten Zeit.

Zwei Beispiele:
GLDO (Gold)
EINW (Wein)

1. GNÖIK ________________
2. SASWRE ________________
3. FFAKEE ________________
4. PSUEP ________________
5. ZLIP ________________
6. LABLNO ________________
7. REFEUHERW ________________
8. TTDSSTUGRENNEI ________________
9. NKRA ________________
10. KRRÜHARFNE ________________
11. GZU ________________
12. IZIELOP ________________

13. HCRIKE ______________________

14. REHCERPSTUAL ______________________

15. PUTMOERC ______________________

16. TOAU ______________________

17. SSARENTSBANH ______________________

18. SCHIT ______________________

19. GAERL ______________________

20. ABMU ______________________

21. TSRHUHLAF ______________________

22. PEMLA ______________________

23. HHHCAUSO ______________________

23. GZFLEUUG ______________________

Die Lösungen zu dieser Aufgabe finden Sie auf Seite 85.

2. Wort- und Sprachverständnis: Buchstaben ergänzen

Die Gewerbetreibenden und Ämter einer Großstadt hatten Pech. Nachts wurden ihnen aus ihren Schildern Buchstaben gestohlen, und nun weiß niemand mehr, was vorher auf ihnen stand. Bitte helfen Sie ihnen und bringen Sie alle Schilder in 2 Minuten wieder in Ordnung.

1. WI_DERGU_MACHUNGSA_T
2. Z_MMERVERMI_TUNG
3. ZEN_RAL_EIZUNGSBEDARF
4. ZO_HAN_LU_G
5. SEILWIN_EN
6. WERKZEU_MAS_HINENREP_RATUREN
7. UN_ER_ALTUNGSK_NSTLER
8. ÜBE_DACHUNGEN
9. TELEKO_MUNI_ATIONSAN_AGEN
10. STEIN_ETZ_ERKZEUGE
11. TIE_HEILBE_ANDLER
12. TRANS_ORTVERS_C_ERUNGEN
13. SC_RIFTENMA_ER
14. ROHR_EINIGUNGSFED_RN
15. SCHLA_HTEREIM_SCHINEN
16. NE_NRÖHR_N
17. O_ERHEA_PROJEK_OREN
18. PORZEL_ANMAN_FAKTUR

19. NAVI_ATIONSGER_TE

20. L_FTBEF_UCHTU_GSANLAGEN

21. K_IMINAL_OLIZEI

22. KAR_OFFELSCHÄ_MASCHINEN

23. GEMEI_DEVER_ALTUNG

24. DUN_TABZUGS_AUBEN_EINIGUNG

25. BR_NNS_OF_P_MPEN

26. BRUNN_NAUSBAUM_TERIAL

27. AKTENVE_NICHTUN_S_ASCHINEN

28. LAUTSP_ECHER_OXEN

29. DIA_ELICHTUNGS_ERÄTE

30. WOH_UNGSBAU_ESELL_CHAFT

31. BE_RDIGUN_SINST_TUT

32. BEWÄS_ERUNGS_NLAGEN

33. BLECH_CHNEID_REI

34. ARBEITS_CHUTZ_USRÜSTUNGEN

35. ALT_EIFE_BESEI_IGUNG

36. AP_THE_ENVER_ECHNUNGS_TELLE

37. BAD_ANS_ALT

38. A_RYL_LAS_ERAR_EITUNG

39. ÄND_RUNGSSC_NEIDEREI

40. KN_BENO_ERBE_LEID_NG

Die Lösungen zu dieser Aufgabe finden Sie auf Seite 85f.

3. Vergleich alte und neue Rechtschreibung

Sind die folgenden Wörter richtig geschrieben? Korrigieren Sie, wenn nötig, und zwar jeweils in der linken Spalte nach den alten und in der rechten Spalte nach den neuen Regeln. Natürlich kann es dabei auch vorkommen, dass sich neue und alte Schreibweise gar nicht unterscheiden oder dass bei der neuen Schreibung mehrere Möglichkeiten zur Auswahl stehen. Führen Sie in diesem Fall bitte möglichst alle möglichen Schreibweisen auf. Sie haben 8 Minuten Zeit.

	alt	neu
1. allmehlich	__________	__________
2. tötlich	__________	__________
3. Rarbarber	__________	__________
4. Barbahren	__________	__________
5. Bare (die)	__________	__________
6. Depäsche	__________	__________
7. Kollagen	__________	__________
8. Collage	__________	__________
9. Balletttänzer	__________	__________
10. Galopprennbahn	__________	__________
11. Schifffahrtsleitung	__________	__________
12. Wagabund	__________	__________
13. Theke	__________	__________
14. Delphin	__________	__________
15. Rhythmus	__________	__________
16. Wiederstand	__________	__________

17. Komunikation __________ __________

18. Sympatie __________ __________

19. Anektion __________ __________

20. zusehens __________ __________

21. Methode __________ __________

22. Methropole __________ __________

23. Filiale __________ __________

24. Filet __________ __________

25. filettieren __________ __________

Die Lösungen zu dieser Aufgabe finden Sie auf Seite 86.

4. Getrennt- und Zusammenschreibung

Korrigieren Sie den folgenden Text bitte nach den neuen Rechtschreibregeln und achten Sie dabei besonders auf die Getrennt- und Zusammenschreibung. Sie haben 8 Minuten Zeit.

Zwei Gänstser, die leider etwas dämlich waren, starteten einen Cou. Leider ist der total schief gegangen. Denn mit ihrer Planung haben sie völlig schief gelegen. Sie hatten vor, eine Bombe unterhalb einer Bank zu zünden, aber sie hatten den Draht vollkommen schief gewickelt. Als der Sprengspatz nach 2stündigen Versuchen endlich detonnierte, kamen sie nicht im Tresorraum der Bank heraus, sondern direkt im Kundenfojée. Dort standen zufällig merere Polizisten, die grade Geld ab heben wollten. Sie riefen so gleich die Zentrale an, und kurze Zeit später konnten die Gauner ab geholt werden. Auf dem Polizeipräsidium haben sich alle schief gelacht.

Die Lösungen zu dieser Aufgabe finden Sie auf Seite 87.

5. Englischsprachige Lehnwörter

Immer mehr Wörter aus dem Englischen, sogenannte Anglizismen, fließen in die deutsche Sprache ein. Korrigieren Sie die unten stehende Erzählung nach der neuen Rechtschreibung. Sie haben 8 Minuten Zeit.

Rainer ist ein richtig taffer Typ. Schon als Jugendlicher joppte er, und so konnte er sich alles mögliche leisten. Während seines BWL-Studiums wurde die Arbeit allmehlich zu einem Fullteimjopp. Kaum hatte er seinen Abschluß gemacht, riefen ihn auch schon die ersten Headhanter an. Er mußte an einem Accessmentcenter teilnehmen, und weil er so fitt im Händlin der Neuen Medien war, bekam er einen Jopp als Fandräser. Er ist für Mehling-Aktionen verantwortlich und muß auch die Hompages für die Internet-Performences seiner Auftraggeber diseignen. Nach Feierabent fährt er zu einem Drive-in-Restaurant und ist dort eine Kleinigkeit, bevor er totmüde ins Bett fällt.

Die Lösungen zu dieser Aufgabe finden Sie auf Seite 87.

6. Allgemeine Übung zur Orthografie

Markieren Sie bitte die Schreibweisen, die nach der neuen Rechtschreibung richtig sind. Achtung: Unter Umständen ist mehr als eine Lösung korrekt. Sie haben 8 Minuten Zeit.

1.
a) Gutmüthigkeit
b) Guthmütigkeit
c) Gutmütigkeit
d) Gutmüdigkeit
e) Gutmüdichkeit

2.
a) unentgeldlich
b) unentgeldtlich
c) unendgeldlich
d) unendtgeldlich
e) unentgeltlich

3.
a) Musikapele
b) Musikkappelle
c) Musikappelle
d) Musikkapelle
e) Musikkappele

4.
a) entgültich
b) entgültig
c) endtgültig
d) endgültig
e) endgültik

5.
a) vielversprechent
b) vielversprechendt
c) viel versprechend
d) vielversprächend
e) vielversprechend

6.
a) Tausendfüssler
b) Tausentfüßler
c) Tausendfüßler
d) Tausentfüssler
e) Tausendfüßer

7.
a) naturgemeß
b) naturgemäs
c) naturgemess
d) naturgemäß
e) naturgemäss

8.
a) Anäkdote
b) Aneckdote
c) Anegdote
d) Anekdohte
e) Anekdote

9.

a) krehen
b) krähän
c) grähen
d) kräen
e) krähen

10.

a) Indiskrätion
b) Indiskrition
c) Indiskretion
d) Indeskrätion
e) Indiskrehtion

11.

a) Karusel
b) Karussel
c) Karusell
d) Karussell
e) Karrussel

12.

a) Almosehn
b) Allmose
c) Almoosen
d) Almoßen
e) Almosen

13.

a) Revormvorschlag
b) Reformvorschlak
c) Refornvorschlag
d) Reformvorschlag
e) Reform Vorschlag

14.

a) ein einzelnes paar Socken
b) ein einzelnes Paar Socken
c) ein einzelnes Paarsocken
d) ein Einzelnes Paar Socken
e) ein Einzelnes paar Socken

15.

a) Gewantheit
b) Gewandtheit
c) Gewandheit
d) Gewandheidt
e) Gewantheid

16.

a) die grimmschen Märchen
b) die Grimmschen Märchen
c) die Grimm'schen Märchen
d) die grimmischen Märchen
e) die grimmigen Märchen

17.

a) Es geschah im Dunkel der nacht.
b) Es geschah im dunkel der nacht.
c) Es geschah im dunkel der Nacht.
d) Es geschah im Dunkel der Nacht.
e) Es gescha im Dunkel der nacht.

18.

a) eine unwiderstehliche Balettruppe
b) eine unwiderstehliche Balletttruppe
c) eine unwiederstehliche Balettruppe
d) eine unwiderstehliche Ballett-Truppe
e) eine unwiderstähliche Balettruppe

19.

a) mit allem drum und Dran
b) mit allem drum und dran
c) mit Allem drum und dran
d) mit allem Drum und Dran
e) mit allem Drum und dran

20.

a) Das sicherste wird sein, das Paket fest zu verschnüren.
b) Das Sicherste wird sein, das Paket fest zu verschnüren.
c) Das sicherste wird sein, das Paket festzuverschnüren.
d) Das Sicherste wird sein, das Packet fest zu verschnüren.
e) Das sicherste wird sein, das Paket fest zu verschnürren.

21.

a) zart besaitet
b) zarth beseidelt
c) zart beseidet
d) zartbeseitet
e) zartbesaitet

22.

a) sie kamen gestern abend
b) sie kamen gesternabend
c) sie kamen Gestern abend
d) sie kamen Gesternabend
e) sie kamen gestern Abend

23.

a) ein kaputter Farbrikschlod
b) ein kaputer Farbrikschlot
c) ein kaputter Fabrikschlot
d) ein kapputter Fabrikschlot
e) ein kaputter Fabrikschloht

24.

a) Telegrambote
b) Tellegrammbote
c) Telegrammbote
d) Tellegrambote
e) Telegrammbohte

25.

a) sein Schäfchen ins trockene bringen
b) sein Schäffchen ins Trockene bringen
c) sein Schefchen ins Trockene bringen
d) sein Schäfchen ins trockene bringen
e) sein Schäfchen ins Trockene bringen

26.

a) im Dunkeln ist gut Munkeln
b) im dunkeln ist gut munkeln
c) im Dunkeln ist gut munkeln
d) im dunkeln ist gut Munkeln
e) im Dunklen ist gut munklen

27.

a) Teneriffa, ein Kontinent im kleinen
b) Teneriffa, ein Kontinent im Kleinen
c) Tenerifa, ein Kontinent im Kleinen
d) Teneriffa, ein Continent im kleinen
e) Tenriffa, ein Kontinent im kleinen

28.

a) sie hat mich kalt gelassen
b) sie hat mich kalt gelaßen
c) sie hat mich kaltgelassen
d) sie hat mich kalltgelassen
e) sie hatt mich kaltgelassen

Die Lösungen zu dieser Aufgabe finden Sie auf Seite 87.

7. Laut-Buchstaben-Zuordnung

Korrigieren Sie den Text innerhalb von 10 Minuten nach der neuen Rechtschreibung.

Christian kaufte sich einen neuen Komputer. Als er zuhause ankam,

---

öffnete er zuerst behende die Verpackungskartons und stellte die

---

gesamte Hardwär auf seinen Schreibtisch. Dann begann er damit, die

---

Programme zu instalieren. Es war viel aufwendiger, als er zuerst

---

gedacht hatte. Zu allem Überfluß bekam er auch plötztlich einen

---

Schnupfenanfall und mußte sich dauernd schneuzen. Aber wie immer

---

hatte er ein Quentchen Glück, und bald funktionierte der Komputer.

Um dieses Ereignis zu feiern, ging er mit seiner Freundin in eine

---

Schenke und trank ein Glas Wein mit ihr. Bei einem Rosenverkäufer

---

erstand er eine duftende Blume, die er ihr schänkte. Leider aber faßte sie

---

den Stengel ungeschickt an und verletzte sich an den Dornen.

Die Lösungen zu dieser Aufgabe finden Sie auf Seite 88.

8. Multiple-Choice-Übung

Markieren Sie bitte die nach der neuen Rechtschreibung richtige Schreibweise. Sie haben dafür 4 Minuten Zeit.

1.
a) Im Wesentlichen war alles klar.
b) Im wesentlichen war alles klar.
c) Im wesentlichen war Alles klar.
d) Im Wesentlichen war alles Klar.

2.
a) Beinahe jeder sechste ist Allergiker.
b) Beinahe jeder Sechste ist Allergiker.
c) Beinahe jeder sechste ist Alergiker.
d) Beinahe jeder Sechste ist Allergicker.

3.
a) Im Dschungel kann einem Turisten alles Mögliche passieren.
b) Im Dschungel kann einem Touristen alles mögliche passieren.
c) Im Dchungel kann einem Touristen alles Mögliche passieren.
d) Im Dschungel kann einem Touristen alles Mögliche passieren.

4.
a) Sein Verhalten war das letzte; das habe ich ihm mitgeteilt.
b) Sein Verhallten war das Letzte; das habe ich ihm mitgeteilt.
c) Sein Verhalten war das Letzte; das habe ich ihm mitgeteilt.
d) Sein Verhallten war das letzte; das habe ich ihm mitgeteilt.

5.
a) Er hat mich mit seiner Unkorrektheit bis aufs äußerste gereizt.
b) Er hat mich mit seiner Unkorrektheit bis aufs Äußerste gereizt.
c) Er hat mich mit seiner Unkorrektheit bis aufs Äusserste gereizt.
d) Er hat mich mit seiner Unkorrektheit bis aufs Äußerste gereitzt.

6.

a) Er konnte die Rechnungen nicht begleichen und gingpleite.
b) Er konnte die Rechnungen nicht begleichen und ging Pleite.
c) Er konnte die Rechnungen nicht begleischen und gingpleite.
d) Er konnte die Rechnungen nicht begleichen und ging pleite.

7.

a) Diese Begegnung hat mich völlig durcheinandergebracht.
b) Diese Begegnung hat mich föllig durcheinander gebracht.
c) Diese Begegnung hat mich völlig durch einander gebracht.
d) Diese Begegnung hat mich völlig durcheinander gebracht.

Die Lösungen zu dieser Aufgabe finden Sie auf Seite 88.

9. Laut-Buchstaben-Zuordnung: aufeinandertreffende Konsonanten

Bitte korrigieren Sie den folgenden Text innerhalb von 8 Minuten. Welche Wörter sind nach der neuen Rechtschreibung falsch geschrieben und wie lauten die neuen Schreibungen (teilweise sind mehrere Lösungen möglich)?

Sabine ist in einer grossen Flanellappenfirma tätig. Sie hat es durch-

____

gesetzt, ihre Arbeit zu Hause zu erledigen. So kann sie sich nebenbei

____

ihre Wohnung renowieren lassen. Die Wände wurden mit Dämmate-

____

rial abgedichtet und dann mit einer Kunstoffolie überklebt. Dann kam

____

der Elektriker und machte sich mit einem Stemmeißel an die Arbeit,

____

um die Leitungen neuverlegen zu können. Als Sabine ihm einen Café

____

anbot, lente er dankend ab. Er sagte, er würde nur Kaffeersatz aus seiner

____

über alles geliebten und zudem auch noch griffesten Kunststofflasche

____

trinken. Sabine, die selbst auch keinen Kaffee trinkt, bereitete für sich

____

allein einen Brennesseltee zu.

____

Die Lösungen zu dieser Aufgabe finden Sie auf Seite 88.

10. Laut-Buchstaben-Zuordnung: ss- beziehungsweise ß-Schreibung

Bitte korrigieren Sie den folgenden Text nach der neuen Rechtschreibung und achten Sie dabei besonders auf die *s*-Laute. Sie haben 7 Minuten Zeit.

Tina und Ernst haben einen überaus wißbegierigen Sohn. Der kleine

Sproß setzt sich immer bei seiner Mutter oder seinem Vater auf den

Schoss und fragt ihnen buchstäblich Löcher in den Bauch. Er gibt noch

nicht einmal Ruhe, wenn sie ihm sagen, daß sie müde sind oder ihnen

seine Fragerei aus anderen Gründen nicht paßt. Er will zum Beispiel,

daß seine Eltern ihm erklären, wieviel Wasser die Spree vor 100 Jahren

hinunter floß, warum ein Mörder einen Mann erschoß, warum Klöse

rund sind oder warum ihm früher eine Hose noch paßte und heute

nicht mehr. Obwohl sich Tina und Ernst darüber freuen, daß ihr Sohn

so interessiert an allem ist, bereiten ihnen seine Fragen doch manchmal

im Überfluß Verdruß, und sie sagen: »Jetzt ist Schluß!«

Die Lösungen zu dieser Aufgabe finden Sie auf Seite 89.

11. Alte Rechtschreibung

Welche der Schreibweisen ist nach den alten (!) Rechtschreibregeln jeweils allein richtig? Sie haben für diese Übung 6 Minuten Zeit.

1.
a) Vorsyzie
b) Frohsüzie
c) Forsythie
d) Vorsüthie
e) Frorsythie

2.
a) kraxseln
b) krakseln
c) krackseln
d) craxeln
e) kraxeln

3.
a) Blasorquester
b) Blasorkester
c) Blaßorqester
d) Blasorchester
e) Blasorchesta

4.
a) Musskatnusbaum
b) Nusskatnußbaum
c) Nuskatnussbaum
d) Muskatnussbaum
e) Muskatnußbaum

5.
a) Quissmaster
b) Quizzmaster
c) Quitzmaster
d) Kwitzmaster
e) Quizmaster

6.
a) fortwärend
b) fordwehrend
c) fortwärent
d) fordwerent
e) fortwährend

7.
a) Cliqe
b) Klikke
c) Klique
d) Clique
e) Clicke

8.
a) Der Massör ging gestern Abend.
b) Der Masseur ging gestern abend.
c) Der Masseure ging gesternabend.
d) Der Massöhr ging Gesternabend.
e) Der Maßeur ging Gestern abend.

9.
a) Biossphäre
b) Biospäre
c) Biosphäre
d) Biospähre
e) Biosfäre

10.
a) Chrysanteme
b) Crüsanteme
c) Krysanteme
d) Chrysantheme
e) Krüsantheme

11.
a) Gewantheit
b) Gewandtheit
c) Gewandheit
d) Gewandheidt
e) Gewantheid

12.
a) ein einzelnes paar Handschuhe
b) ein einzelnes Paar Handschuhe
c) ein einzelnes Pahr Handschuhe
d) ein Einzelnes Paar Handschuhe
e) ein Einzelnes paar Handschuhe

13.
a) Kasettenrekorder
b) Kassetenrecorder
c) Kassettenrecorder
d) Kasettenrecorder
e) Cassettenrekorder

14.
a) Gelantine
b) Gelatine
c) Jelatine
d) Jelantine
e) Gelattine

Die Lösungen zu dieser Aufgabe finden Sie auf Seite 89.

12. Laut-Buchstaben-Zuordnung: Schreibung von Fremdwörtern

Im folgenden Text sind einige Fremdwörter nach der neuen Rechtschreibung richtig geschrieben, andere nicht. Auch sonst ist hier manches nicht ganz korrekt. Sie haben für die Bearbeitung 6 Minuten Zeit.

Heute ist Jonathan Smith-Wesson ein berühmter Koreograf. Lange Zeit

___

hatte er Panther gebändigt und nebenbei auch mit Delfinen gearbeitet.

___

Den Tieren gab er immer, wenn sie eine Übung richtig absolwiert

___

hatten, zur Belohnung etwas Ketchap und dann und wann auch ein

___

bißchen Cornedbeef. Ein Delfin, er hieß John, bevorzugte allerdings

___

Joghurt. Offensichtlich war er Wegetarier. Obwohl Jonathan sein Job

___

eigentlich Spass machte, wollte er eines Tages, nachdem er ein wun-

___

derhübsches Aupairmädchen kennengelernt hatte, ins Bigbisiness

___

wechseln. So begann er zuerst ein Philosophie-Studium, bevor er sich,

___

angeregt durch einige Openairkonzerte, entschloss, seine kreativen

___

Potenziale voll auszuschöpfen. Deshalb wurde er Koreograf.

___

Die Lösungen zu dieser Aufgabe finden Sie auf Seite 89f.

13. Schreibung von Fremdwörtern

Durch die Neuregelung wurde die Anzahl der möglichen Schreibvarianten stark erhöht. Bei einem zusammenhängenden Text sollten Sie allerdings darauf achten, entweder konsequent bei der neuen Schreibung der Wörter zu bleiben oder sich konsequent an die alte Schreibung zu halten, falls diese weiterhin möglich ist. Bitte markieren Sie nun alle nach der neuen Regelung richtigen Schreibvarianten innerhalb von 10 Minuten.

1.
a) Delfin
b) Delphin
c) Dellfien
d) Delphien

2.
a) Frisör
b) Friesör
c) Friseur
d) Frisöhr

3.
a) Katar
b) Kattar
c) Katarr
d) Katarrh

4.
a) Myrre
b) Mürre
c) Myhrre
d) Myrrhe

5.
a) Katermaran
b) Kattermaran
c) Katamaran
d) Cuttermaran

6.
a) Facetten
b) Fazetten
c) Fassetten
d) Fatzetten

7.
a) Geografi
b) Geographie
c) Geografie
d) Geograffie

8.
a) Saksofon
b) Saksophon
c) Saxophon
d) Saxofon

9.
a) Mettaffa
b) Metapher
c) Metafer
d) Mettafa

10.
a) Phänomen
b) Fenomen
c) Phenomän
d) Fänomän

11.
a) Exposee
b) Eksposee
c) Ekspoße
d) Exposé

12.
a) Necessaire
b) Nessessär
c) Neccessaire
d) Nesesär

13.
a) Gettho
b) Getto
c) Ghetto
d) Geto

14.
a) Schickorre
b) Chicorée
c) Schikoree
d) Chiccore

15.
a) Negligé
b) Negglige
c) Negligée
d) Negligee

16.
a) Creme
b) Krem
c) Kreme
d) Crem

17.
a) Shrimps
b) Schrimps
c) Schrimmps
d) Shrimpps

18.
a) Sufflee
b) Soufflé
c) Soufflee
d) Sufflé

19.
a) Suffleur
b) Souffleur
c) Sufflör
d) Suflör

20.
a) Happyend
b) Happy end
c) Happy End
d) Happy-end

21.
a) Maläs
b) Malaise
c) Maläse
d) Maylayse

22.
a) Oferte
b) Offertte
c) Offerte
d) Ofertte

23.
a) Obbelisk
b) Ohberlisk
c) Obellisk
d) Obelisk

24.
a) Stagnation
b) Stacknation
c) Stagnazion
d) Staknation

25.
a) Tybräk
b) Tybreak
c) Tiebreak
d) Tie-Break

26.
a) Rushour
b) Rush-Hour
c) Rushhour
d) Raschaua

27.
a) Fantasie
b) Phantasie
c) Fanta Sie
d) Fantersie

28.
a) Runninggag
b) Running-Gag
c) Running Gag
d) Ranningeck

Die Lösungen zu dieser Aufgabe finden Sie auf Seite 90.

14. Neue Rechtschreibung allgemein

Korrigieren Sie den folgenden Text bitte nach der neuen Rechtschreibung, und zwar möglichst innerhalb von 9 Minuten.

Elisabeth ist Metrologin und arbeitet für das Fernsehen. Trotz ihres qualifizierten Studiums fällt es ihr manchmal schwer, exakte Wetterproknosen zu erstellen. Das Schlimme ist, daß sie nach kurzer Zeit niemand mehr Ernst nimmt, wenn sie mit ihren ernstgemeinten Vorhersagen einmal nicht ins schwarze trifft. An einem Abend sagte sie aus Spass, es würde ein Unwetter aufkommen, dessen Wogen das ganze Land überschwemmen würden. Die Zuschauer nahmen den Scherz für Ernst und rüsteten sich für die Katastrophe. Allen ernstes beschwerten sie sich bei ihr, als am nächsten Tag kein Tröpfchen Regen fiel. Als Elisabeth sich rechtfertigte und sagte, es sei doch der Erste April gewesen und ihr Beitrag sei deshalb nicht ernst gemeint gewesen, drohte man ihr im vollen Ernst ein gerichtliches Verfahren an.

Die Lösungen zu dieser Aufgabe finden Sie auf Seite 90.

15. Getrennt- und Zusammenschreibung

Bitte markieren Sie die jeweils richtige(n) Lösung(en) nach der neuen Rechtschreibung. Sie haben 5 Minuten Zeit.

1.
a) Sie hat ihren Sohn imma kurzgehalten.
b) Sie hat ihren Sohn immer kurz gehalten.
c) Sie hat ihren Sohn immer kurzgehalten.

2.
a) Am Telefon ist er immer kurz angebunden.
b) Am Telefon ist er immer kurzangebunden.

3.
a) Kurz entschlossen schrieb er einen langen Brief.
b) Kurzentschlossen schrieb er einen langen Brief.
c) Kurz entschlossen schrieb er einen Langenbrief.
d) Kurzentschlossen schrieb er einen Langen-Brief.

4.
a) Sie trägt wieder sehr kurzgeschnittene Haare.
b) Sie trägt wieder sehr kurz geschnittene Haare.

5.
a) Sie ist eine allein erziehende Mutter.
b) Sie ist eine alleinerziehende Mutter.
c) Sie ist eine Alleinerziehende Mutter.

6.
a) Sein Zustand zwang ihn dazu, kurz zu treten.
b) Sein Zustand zwang ihn dazu, kurzzutreten.

7.

a) Ich möchte mir mit meinen Tantiemen einen langgehegten Wunsch erfüllen.
b) Ich möchte mir mit meinen Tantiemen einen lang gehegten Wunsch erfüllen.
c) Ich möchte mir mit meinem Tanthiemen einen langgehegten Wunsch erfüllen.
d) Ich möchte mir mit meinen Tanthiemen einen lang gehegten Wunsch erfüllen.

8.

a) Auf einem feinen kleinen Grundstük errichtete er ein sehr lang gestrecktes Gebäude.
b) Auf einem feinen kleinen Grundstück errichtete er ein sehr langgestrecktes Gebäude.
c) Auf einem feinen kleinen Grundstück errichtete er ein sehr lang gestrecktes Gebäude.
d) Auf einem feinen kleinen Grundstück erichtete er ein sehr langgestrecktes Gebäude.

9.

a) Wer mag wohl dahinterstecken?
b) Wer mag wohl dahinter stecken?

10.

a) Er liebt es sehr, einfach so vor sichdahinzudämmern.
b) Er liebt es sehr, einfach so vor sich dahin zudämmern.
c) Er liebt es sehr, einfach so vor sich dahin zu dämmern.
d) Er liebt es sehr, einfach so vor sich dahinzudämmern.

Die Lösungen zu dieser Aufgabe finden Sie auf Seite 90.

16. Getrennt- und Zusammenschreibung

Bei dieser Übung geht es ausschließlich um die Getrennt- beziehungsweise Zusammenschreibung von Wörtern nach den neuen Regeln. Ansonsten hat sich der Fehlerteufel ausnahmsweise einmal zurückgehalten. Sie haben 8 Minuten Zeit.

In einer Mond beschienenen Nacht machte der aufsichtführende Mu-

---

seumswächter eine Folgen reiche Entdeckung: Bis dahin hatte er immer

---

gedacht, dass es sich bei den Legenden, die sich um bei Vollmond ihr

---

Unwesen treibende Gestalten rankten, um reine Fantasiegebilde han-

---

delte. Nun aber sah er plötzlich auf einer dem Firmengelände nahe-

---

liegenden Wiese ein bläulich-grün schimmerndes Wesen, das ganz

---

offensichtlich eine ernstzunehmende Bedrohung für die gesamte

---

Menschheit darstellte. Obwohl er den Außerirdischen genaugenom-

---

men nicht wirklich klar erkennen konnte, so war er doch imstande, die

---

weitreichenden Folgen dieser Erscheinung sofort zu erkennen.

Die Lösungen zu dieser Aufgabe finden Sie auf Seite 91.

17. Getrennt- und Zusammenschreibung

Sind die folgenden Wörter richtig geschrieben? Korrigieren Sie diese nach der neuen Rechtschreibregelung. Sie haben 10 Minuten Zeit.

1. naheliegend ____________________
2. nahegelegen (Ort) ____________________
3. weitreichend ____________________
4. ernstzunehmend ____________________
5. gefangennehmen ____________________
6. aufsehenerregend ____________________
7. verlorengegangen ____________________
8. haltmachen ____________________
9. hochgeachtet ____________________
10. etwas zuwege bringen ____________________
11. übrigbehalten ____________________
12. allein erziehend ____________________
13. achtgeben ____________________
14. aufeinanderprallen ____________________
15. beieinandersitzen ____________________
16. kennenlernen ____________________
17. leichtverständlich ____________________
18. spazierengehen ____________________
19. stehenlassen ____________________
20. dahinterkommen ____________________
21. durcheinanderbringen ____________________
22. sitzengelassen ____________________
23. flötengehen ____________________
24. glühendheiß ____________________
25. wieviel ____________________

Die Lösungen zu dieser Aufgabe finden Sie auf Seite 91f.

18. Getrennt- und Zusammenschreibung (Einzelfälle)

Wenn bei bestimmten Bestandteilen eines Wortes die ursprüngliche Wortform, Wortart oder Bedeutung nicht mehr klar zu erkennen sind, dann schreibt man das Wort nach neuer Rechtschreibung bevorzugt zusammen. Man kann aber manche Fügungen in adverbialer Verwendung sowohl zusammen- als auch getrennt schreiben. Deshalb sind bei der folgenden Übung, für die Sie 10 Minuten Zeit haben, manchmal zwei Schreibweisen richtig. Bitte notieren Sie die zweite jeweils mögliche Schreibvariante unter der bereits im Text aufgeführten.

Johannes sah sich völlig ausserstande, außer Landes zu gehen, obwohl

____

ihm irgend jemand gesagt hatte, überall woanders wäre es schöner als

____

hier. Aber er war einfach nicht imstande, an einem anderen Punkt

____

auf der Erde irgend etwas zustandezubringen. Wenn er sich nicht in

____

seinem kleinen Heimatdorf aufhielt, war ihm gar nicht gut zumute.

____

Auch mithilfe eines kleinen Ratgebers, den er sich extra zu diesem

____

Thema gekauft hatte, kam er nicht zurande. Deshalb blieb er am

____

liebsten, auch wenn es zu Ungunsten seiner Karriere sein mochte, zu

____

Hause. Er sagte immer: »So kann ich mir wenigstens nichts zuschulden

____

kommen lassen.«

____

Die Lösungen zu dieser Aufgabe finden Sie auf Seite 92.

19. Verbindungen mit sein

Entscheiden Sie bitte innerhalb von 5 Minuten, wie die folgenden Wörter nach der neuen Rechtschreibung korrekt geschrieben werden.

1. auseinandersein ______________________
2. außerstandesein ______________________
3. beisammensein ______________________
4. dasein ______________________
5. fertigsein ______________________
6. heraussein ______________________
7. hiersein ______________________
8. hinübersein ______________________
9. ihmsein ______________________
10. innesein ______________________
11. lossein ______________________
12. pleitesein ______________________
13. seinlassen ______________________
14. verrücktsein ______________________
15. vonnötensein ______________________
16. vorbeisein ______________________
17. vorhandensein ______________________
18. vorübersein ______________________
19. zusein ______________________
20. zufriedensein ______________________
21. zuhandensein ______________________
22. zumutesein ______________________
23. zurücksein ______________________
24. zusammensein ______________________

Die Lösungen zu dieser Aufgabe finden Sie auf Seite 92f.

20. Schreibung mit Bindestrich

Entscheiden Sie bitte bei folgenden Wörtern, ob ein Bindestrich gesetzt werden muss oder darf. Führen Sie alle Möglichkeiten auf. Sie haben dafür 6 Minuten Zeit.

1. iPunkt ______________________
2. Sollstärke ______________________
3. Lottoannahmestelle ______________________
4. Umsatzsteuertabelle ______________________
5. Flüssigwasserstofftank ______________________
6. süßsauer ______________________
7. grünweiß gestreift ______________________
8. heiterverspielt ______________________
9. Druckerzeugnis ______________________
10. Druckerzeugnis ______________________
11. Linksrechtskombination ______________________
12. Ddurtonleiter ______________________
13. Kaffeeersatz ______________________
14. Sichausweinen ______________________
15. USamerikanisch ______________________
16. Rechng.Nr. ______________________
17. 68erGeneration ______________________
18. 8fach ______________________
19. Ein und Ausgang ______________________
20. Computer Groß und Einzelhandel ______________________
21. 8fachbelegung ______________________
22. ein 18jähriger ______________________
23. der 18jährige Tom ______________________
24. 1000m Lauf ______________________
25. die xte Wurzel ______________________

Die Lösungen zu dieser Aufgabe finden Sie auf Seite 93.

21. Groß- und Kleinschreibung/Getrennt- und Zusammenschreibung

Bitte korrigieren Sie den folgenden Text innerhalb von 7 Minuten nach der neuen Rechtschreibung und legen Sie Ihr Augenmerk dabei besonders auf die Groß- und Kleinschreibung sowie auf die Getrennt- und Zusammenschreibung.

Lieber Uli,

ich muss Dir leider sagen, daß ich stink sauer auf Dich bin. Du wolltest

____

gestern nachmittag gegen zwei Uhr bei mir vorbei kommen und eine

____

Tasse Kaffee mit Mir trinken. Ich habe drei Stunden lang auf Dich

____

gewartet, weil ich weiß, dass Du Mittwoch nachmittags immer ziem-

____

lich im Stress bist. Aber dann wurde es mir zu bunt, und ich habe ver-

____

sucht, Dich über's Handy zu erreichen. Und was musste ich fest stel-

____

len? Es war nicht einmal an gestellt. Ich verstehe nicht, wie Du mich

____

so sitzenlassen konntest. Nimm Dich in acht! Wenn Du Dich bis über-

____

morgen abend nicht bei mir gemeldet haben solltest, dann drohe ich

____

Dir hiermit in aller Form an, daß ich Dir unsere 9jährige Freundschaft

____

kündigen werde. Ich grüße Dich – noch – auf's herzlichste,

____

Deine Wiebke

____

Die Lösungen zu dieser Aufgabe finden Sie auf Seite 93.

22. Groß- und Kleinschreibung/Getrennt- und Zusammenschreibung

Kein Brief sollte unbeantwortet bleiben. Das weiß auch Uli. Korrigieren Sie seinen Brief bitte ebenfalls innerhalb von 7 Minuten.

Liebe Wiebke,

wir waren doch überhaupt nicht mit einander verabredet. Du hattest

____

zwar in bezug auf einen möglichen Termin den mittwoch nachmittag

____

genannt, aber ich habe nicht im geringsten daran gedacht, daß Du auf

____

mich warten könntest. Des weiteren muß ich Dir auch noch sagen,

____

daß ich im allgemeinen nichts gegen ein Offenes Wort habe, aber ich

____

habe nicht das geringste für so ein Schreiben übrig, wie Du es mir

____

geschickt hast. Alles übrige klären wir lieber persönlich, das halte ich

____

zumindest für das beste in dieser verfahrenen Situation. So können

____

wir unser Mißverständnis vielleicht aufs schnellste wieder gerade bie-

gen und im folgenden dafür sorgen, daß so etwas nicht wieder vor

kommt.

Viele Grüsse, Uli

Die Lösungen zu dieser Aufgabe finden Sie auf Seite 94.

23. Schreibung von Eigennamen

Alle zu einem mehrteiligen Eigennamen gehörenden Adjektive, Partizipien, Pronomen und Zahlwörter schreibt man groß. Es gibt aber auch eine Menge von Wortgruppen, die zu festen Begriffen geworden sind, aber nicht als Eigennamen angesehen werden können. Hier schreibt man Adjektive in der Regel klein. Bei Verbindungen mit einer neuen Gesamtbedeutung ist Groß- und Kleinschreibung korrekt. Versuchen Sie doch bei den nachstehenden Beispielen Ihr Glück – natürlich nach der neuen Rechtschreibung. Sie haben 5 Minuten Zeit.

1.
a) Die Erde wird auch der blaue Planet genannt.
b) Die Erde wird auch der Blaue Planet genannt.

2.
a) Den tropischen Urwald nennt man die grüne Hölle.
b) Den tropischen Urwald nennt man die Grüne Hölle.

3.
a) Die Grünflächen einer Stadt lobt man als grüne Lunge.
b) Die Grünflächen einer Stadt lobt man als Grüne Lunge.

4.
a) Irland ist die grüne Insel.
b) Irland ist die Grüne Insel.

5.
a) Er bekam jedes Jahr einen blauen Brief.
b) Er bekam jedes Jahr einen Blauen Brief.

6.
a) Er wird sein blaues Wunder erleben.
b) Er wird sein Blaues Wunder erleben.

7.
a) Die Blaue Mauritius gehört zu den seltensten Postwertzeichen der Welt.
b) Die blaue Mauritius gehört zu den seltensten Postwertzeichen der Welt.

8.
a) Die Beulenpest im Mittelalter wurde auch als schwarzer Tod bezeichnet.
b) Die Beulenpest im Mittelalter wurde auch als Schwarzer Tod bezeichnet.

9.
a) Ich werde einen Anschlag ans Schwarze Brett heften.
b) Ich werde einen Anschlag ans schwarze Brett heften.

10.
a) Während der Olympischen Spiele brennt das Olympische Feuer.
b) Während der olympischen Spiele brennt das olympische Feuer.
c) Während der olympischen Spiele brennt das Olympische Feuer.
d) Während der Olympischen Spiele brennt das olympische Feuer.

11.
a) Nächstes Jahr feiern meine Eltern ihre goldene Hochzeit.
b) Nächstes Jahr feiern meine Eltern ihre Goldene Hochzeit.

12.
a) Prag nennt man auch die Goldene Stadt.
b) Prag nennt man auch die goldene Stadt.

13.
a) Den atlantischen Ozean bezeichnet man als Großen Teich.
b) Den Atlantischen Ozean bezeichnet man als großen Teich.
c) Den Atlantischen Ozean bezeichnet man als Großen Teich.
d) Den atlantischen Ozean bezeichnet man als großen Teich.

14.

a) Mit seiner Partnerin hat er das große Los gezogen.
b) Mit seiner Partnerin hat er das Große Los gezogen.

15.

a) Das Sterben durch Erfrieren nennt man auch den weißen Tod.
b) Das Sterben durch Erfrieren nennt man auch den Weißen Tod.

16.

a) Wenn jemand unschuldig ist, hat er eine Weiße Weste.
b) Wenn jemand unschuldig ist, hat er eine weiße Weste.

17.

a) Der Amtssitz des Präsidenten der USA heißt das weiße Haus.
b) Der Amtssitz des Präsidenten der USA heißt das Weiße Haus.

18.

a) Den Tennis- und den Skisport nennt man beide auch den weißen Sport.
b) Den Tennis- und den Skisport nennt man beide auch den Weißen Sport.

19.

a) Der Biss der Schwarzen Witwe kann tödlich sein.
b) Der Biss der schwarzen Witwe kann tödlich sein.

20.

a) Man sagte ihr nach, das zweite Gesicht zu haben.
b) Man sagte ihr nach, das Zweite Gesicht zu haben.

21.

a) Die Nacht vor dem Ersten Mai heißt Walpurgisnacht.
b) Die Nacht vor dem ersten Mai heißt Walpurgisnacht.

22.

a) Die Pflanze »Malvastrum capense« wird volkstümlich auch Fleißiges Ließchen genannt.
b) Die Pflanze »Malvastrum capense« wird volkstümlich auch fleissiges Lieschen genannt.
c) Die Pflanze »Malvastrum capense« wird volkstümlich auch Fleißiges Lieschen genannt.
d) Die Pflanze »Malvastrum capense« wird volkstümlich auch fleißiges Lieschen genannt.

Die Lösungen zu dieser Aufgabe finden Sie auf Seite 94.

24. Getrennt- und Zusammenschreibung/ Groß- und Kleinschreibung

Bitte markieren Sie jeweils den Satz beziehungsweise die Sätze, die nach der neuen Rechtschreibung richtig sind. Sie haben 5 Minuten Zeit.

1.
a) Ich muss mich krankmelden.
b) Ich muss mich krank melden.

2.
a) Ihm wurde Unrecht getan.
b) Ihm wurde unrecht getan.

3.
a) Sie hat das Portemonnaie liegen lassen.
b) Sie hat das Portemonnaie liegenlassen.
c) Sie hat das Portmonee liegen lassen.
d) Sie hat das Portmonee liegenlassen.

4.
a) An der Aktion haben sich unzählige beteiligt.
b) An der Aktion haben sich Unzählige beteiligt.

5.
a) Das Buch ist verlorengegangen.
b) Das Buch ist verloren gegangen.

6.
a) Sie ist zur Grunde gegangen.
b) Sie ist zugrundegegangen.
c) Sie ist zugrunde gegangen.
d) Sie ist zu Grunde gegangen.

7.
a) Das Untenstehende ist korekt.
b) Das unten Stehende ist korrekt.
c) Das Untenstehende ist korrekt.
d) Das unten Stehende ist korreckt.

8.
a) Ich lasse mich krankschreiben.
b) Ich lasse mich krank schreiben.

9.
a) Es war eine Lieb gewordene Gewohnheit.
b) Es war eine lieb gewordene Gewonheit.
c) Es war eine lieb gewordene Gewohnheit.
d) Es war eine liebgewordene Gewohnheit.

10.
a) Sie hat ihn linksliegenlassen.
b) Sie hat ihn links liegenlassen.
c) Sie hat ihn links liegen lassen.
d) Sie hat ihn Links liegen lassen.

11.
a) Sie war eine viel gepriesene Tänzerin.
b) Sie war eine vielgepriesene Tänzerin.

12.
a) Marco Polo war ein weit gereister Mann.
b) Marco Polo war ein weitgereister Mann.
c) Marco Polo war ein Weitgereister Mann.
d) Marc O'Polo war ein weit gereister Mann.

13.

a) Im weiteren stelle ich es ihnen dar.

b) Im weiteren stelle ich es Ihnen dar.

c) Im Weiteren stelle ich es ihnen dar.

d) Im Weiteren stelle ich es Ihnen dar.

14.

a) Er hat es zutage gefördert.

b) Er hat es zutagegefördert.

c) Er hat es zu tage gefördert.

d) Er hat es zu Tage gefördert.

15.

a) Er machte immer aus Schwarz weiß.

b) Er machte immer aus schwarzweiß.

c) Er machte immer aus Schwarz Weiß.

d) Er machte immer aus schwarz weiß.

16.

a) In dieser Angelegenheit will ich mich nicht quer legen.

b) In dieser Angelegenheit will ich mich nicht querlegen.

17.

a) Die nichtorganisierten Bergarbeiter durften nicht streiken.

b) Die nicht organisierten Bergarbeiter durften nicht streiken.

c) Die Nichtorganisierten Bergarbeiter durften nicht streiken.

d) Die Nicht organisierten Bergarbeiter durften nicht streiken.

18.

a) Sie warf ihm einen Vielsagenden Blick zu.

b) Sie warf ihm einen Viel Sagenden Blick zu.

c) Sie warf ihm einen vielsagenden Blick zu.

d) Sie warf ihm einen viel sagenden Blick zu.

19.
a) Er hat ein nichtssagendes Gesicht.
b) Er hat ein nichts sagendes Gesicht.
c) Er hat ein Nichtssagendes Gesicht.
d) Er hat ein Nichts Sagendes Gesicht.

20.
a) Er trank nicht gern Café. Stattdessen trank er Té.
b) Er trank nicht gern Kaffee. Stattdessen trank er Tee.
c) Er trank nicht gern Kaffee. Statt dessen trank er Tee.
d) Er trank nicht gern Kaffee. Stattdem trank er Tee.

21.
a) Es wäre mir das liebste, wenn die Prüfung schon vorüber wäre.
b) Es wäre mir das Liebste, wenn die Prüfung schon vorüber wäre.
c) Es wäre mir das Liebste, wenn die Prüfung schon vorüberwäre.
d) Es wäre mir das liebste, wenn die Prüfung schon vorüberwäre.

Die Lösungen zu dieser Aufgabe finden Sie auf Seite 94.

25. Multiple-Choice-Übung zur neuen Rechtschreibung

Welche Schreibweise ist nach der neuen Rechtschreibung ausschließlich richtig? Sie haben 10 Minuten Zeit.

1.
a) im guten wie im bösen
b) im Guten wie im Bösen
c) im guten wie im Bösen
d) im Guten wie im bösen

2.
a) bis ins kleinste
b) biss in's Kleinste
c) bis inns kleinste
d) bis ins Kleinste

3.
a) sich über etwas im Klaren sein
b) sich über Etwas im Klaren sein
c) sich über etwas im klaren sein
d) sich über etwas imklaren sein

4.
a) in null Komma nichts
b) in null komma nichts
c) in Null, nichts
d) in Null Komma nichts

5.
a) im Großen und ganzen
b) im großen und Ganzen
c) im Großen und Ganzen
d) im großen und ganzen

6.
a) in's Reine bringen
b) ins Reine bringen
c) ins reine bringen
d) ins reinebringen

7.
a) angst und bange machen
b) Angst und bange machen
c) angst und Bange machen
d) Angst und Bange machen

8.
a) Jung und alt isst Brei
b) jung und alt ißt Brei
c) Jung und Alt essen Brei
d) Jung und Alt isst Brei

9.
a) alt und jung im Allgemeinen
b) alt und jung im allgemeinen
c) Alt und Jung im Allgemeinen
d) Alt und Jung im allgemeinen

10.
a) Main und Dain erkennen
b) Mein und Dein erkennen
c) mein und dein erkennen
d) main und dain erkennen

11.
a) baff erstaunt sein
b) buff erstaunt sein
c) bass erstaunt sein
d) baß erstaunt sein

12.
a) aus schwarz weis machen
b) aus schwarzweiß machen
c) aus Schwarz Weiss machen
d) aus Schwarz Weiß machen

13.
a) jenseits von gut und Böse
b) jenseits von Gut und böse
c) jenseits von Gut und Böse
d) jenseits von gut und böse

14.
a) hieb- und stichfest
b) hieb und stich fest
c) Hieb und Stich fest
d) hieb-und-stich-fest

Die Lösungen zu dieser Aufgabe finden Sie auf Seite 95.

26. Allgemeines Diktat

Bitte korrigieren Sie dieses Diktat, indem Sie die falsch geschriebenen Wörter in die Zeile unterhalb des Originaltextes schreiben. Sie haben 8 Minuten Zeit.

Die Aprikose

Die Aprikose war in China bereits im Dritten vorchristlichen Jahr-

tausend bekannt. Während der Anticke wanderte das überaus wohl-

riechende Rosengewächs nach Europa. Besonders auf den Ballearen

ist die Frucht bis heute sehr beliebt. Das Obst ist viel seitig zu ver-

wenden: in süßen Nachspeisen, als Komppott und als Abrundung

defftiger Fleischgerichte. Bis zum Ende des 19. Jahrhunderts ging es

der Aprikosenindustrie, besonders auf Malorca, glänzend. Viele Tau-

send Tonnen wurden ins Ausland esportiert. Doch dann konnte sich

die auch Marille genannte Frucht nicht mehr gegen die Konkurenz aus

Marroko, Tunesien und der Türkei behaupten. Das ging sogar soweit,

das in den 90-er Jahren des 20. Jahrhunderds jährlich 50 000 tonnen

Aprikosen vernichtet werden mussten, da Ernte und Transport nicht

mehr renntabel waren.

Die Lösungen zu dieser Aufgabe finden Sie auf Seite 95.

27. Worttrennung am Zeilenende

Fügen Sie bitte senkrechte Trennstriche an allen für eine Worttrennung nach neuer Rechtschreibung infrage kommenden Möglichkeiten ein. Sie haben 4 Minuten Zeit.

1. elegant
2. interessant
3. gewährleisten
4. Ägypter
5. Helikopter
6. Freunde
7. Brauerei
8. Eber
9. Kasten
10. Husten
11. poetisch
12. Reminiszenz
13. ansonsten
14. erschrocken
15. zickig
16. Signal
17. parallel
18. darum
19. Instinkt
20. Analphabet
21. Blumentopferde
22. Instrument
23. Marmelade
24. Kompass

Die Lösungen zu dieser Aufgabe finden Sie auf Seite 95.

28. Zeichensetzung

Setzen Sie bitte im folgenden Text die fehlenden Kommas ein. Falls das Setzen eines Kommas an einer bestimmten Stelle nach den neuen Regeln freigestellt ist, dann setzten Sie dieses in Klammern. Korrigieren Sie auch eventuelle Fehler im Text nach der neuen Rechtschreibung. Sie haben 5 Minuten Zeit.

Er weigerte sich zu gehen.

____

Er rauchte anstatt zu arbeiten.

____

Du brauchst Dich nicht zu Recht fertigen.

____

Wir raten ihnen nicht auf ihn zu hören.

____

Wir wollen versuchen etwas neues zu creieren.

____

Er faßte den Entschluß im nächsten Jahr nach Austrahlien zu reisen.

____

Er scheint heute entlich wieder gute Laune zu haben.

____

Wir hatten die Summe zu begleichen beschloßen.

____

Die Idee mehr für seine Gesundheit zu tun liess ihn nicht los.

____

Den Betrag bitte ich auf mein Konto zu überweisen.

____

Die Lösungen zu dieser Aufgabe finden Sie auf Seite 96.

29. Kommasetzung mit Konjunktionen

Setzen Sie bitte wieder die Kommas und korrigieren Sie eventuelle Fehler nach der neuen Rechtschreibung. Sie haben 5 Minuten Zeit.

Er war arm aber glücklich.

____

Sie ist größer als ich.

____

Richard Gere sieht in Realität viel besser aus als ich es erwartet hätte.

____

Jeden abend läuft er beziehungsweise er geht spazieren.

____

Sie ist biblioviel d. h. sie liebt Bücher.

____

Er sagte dass er mich morgen früh besuchen würde.

____

Abgesehen davon daß er gut in der Schule war spielte er gut Tennis.

____

Je mehr er ass desto dicker wurde er.

____

Erst wenn wir gegeßen haben können wir ins Kino gehen.

____

Er redet ohne eine Pause zu machen.

____

Er redet ohne punkt und komma.

____

Die Lösungen zu dieser Aufgabe finden Sie auf Seite 96.

30. Neue Rechtschreibung allgemein

Bei den folgenden zehn – nicht unbedingt logisch sinnvollen Sätzen – treten in stark gehäufter Form Fehler auf. Korrigieren Sie diese bitte innerhalb von 5 Minuten nach der neuen Rechtschreibung, indem Sie die orthografisch richtige Version jeweils darunterschreiben.

1. Wir sahen gestern abend eine Ballettänzerin.

---

2. Ich habe ähnliches bei ackerbautreibenden Völkern erlebt.

---

3. Ich will im besonderen erwähnen, daß es das beste ist, wenn wir auseinandergehen.

---

4. Er ist immer der alte geblieben, der gerne jemandem angst macht.

---

5. Egal ob bei arm oder reich – die blondgefärbte Blondine aß Delikateßgurken.

---

6. Der in der metallverarbeitenden Industrie tätige Panther war aus Pappmaché.

---

7. Die laubtragenden Bäume waren in Null Komma nichts entlaubt.

---

8. Der Rauhhaardackel fraß am liebsten Rauhfasertapete.

---

9. Das schlimmste ist ein schlechtgelauntes Saxophon.

Die Lösungen zu dieser Aufgabe finden Sie auf Seite 96f.

31. Zeichensetzung

Entscheiden Sie bitte überall dort, wo sich Klammern befinden, ob an der betreffenden Stelle nach der neuen Rechtschreibung ein Komma möglich – nicht unbedingt nötig – ist. Achtung: Es gibt auch obligatorische Kommas. Sie haben 5 Minuten Zeit.

1. Für eine verbindliche Antwort ( ) wäre ich Ihnen äußerst zu Dank verpflichtet.
2. Er sattelte das Pferd ( ) und ritt nach Hause.
3. Er sang ( ) und sang ( ) immer tiefer ( ) bis es nicht mehr weiterging.
4. Bei Vertragsabschluss ( ) ist es am sichersten ( ) alle Vereinbarungen schriftlich festzuhalten.
5. Im Zusammenhang mit der steigenden Kriminalität ( ) nehmen die Verdächtigungen ( ) insbesondere was Ausländer anbetrifft ( ) beträchtlich zu.
6. Der Mannheimer Drehorgelmann ( ) von Hause aus mit der Rechtschreibung auf Kriegsfuß ( ) machte sein Instrument zu ( ) schloss den Wagen ein ( ) und fühlte den unwiderstehlichen Drang ( ) ein Bier trinken zu müssen ( ) oder wenigstens ( ) in einem Gasthaus einzukehren.
7. »Ich darf es nicht vergessen« ( ) dachte der Mann bei sich ( ) bevor er endlich einschlief ( ) und schon klingelte das Telefon.
8. Sie ist keine zart besaitete Maid ( ) dachte er ( ) und nahm noch eine Beruhigungstablette ( ) bevor er sich weiter mit ihr unterhielt.
9. Die Überlegung ( ) zu kündigen ( ) hatte er schon lange ins Auge gefasst.
10. Sie dachte nicht daran ( ) zu gratulieren.
11. Für eine baldige Zusage ( ) wäre ich Ihnen sehr verbunden.
12. Aus diesem Grund ( ) sind gerade Pinguine geeignete Testobjekte ( ) für das Studium von Ausmaß ( ) Dauer ( ) und Bedingungen der Kältegewöhnung.
13. In der Bundesregierung hält sich leider niemand ( ) nicht einmal der Bundeskanzler ( ) für kompetent genug ( ) um eine derartige Prognose zu wagen.

14. Seine einzige Unterstützung bestand in dem Funkgerät ( ) falls dieses überhaupt funktionieren würde.
15. Am Aktienmarkt überwogen die Gewinne ( ) was namentlich für die Autopapiere und Chemiewerte galt.
16. Bei Vertragsabschluss ist es am besten ( ) sich alle gewünschten Zusätze schriftlich bestätigen zu lassen.
17. Die unmittelbare Nähe des Meeres ( ) garantierte immer eine frische Brise ( ) und versprach bei starker Hitze Kühlung.
18. In Zusammenhang mit den steigenden Produktionszahlen ( ) können auch die inländischen Unternehmen ( ) allen voran unsere Firma ( ) größere Aufträge verbuchen.
19. Wir hoffen ( ) mit diesem Buch ( ) ein deutlicheres Bewusstsein für die Lage der Auszubildenden geschaffen zu haben.
20. Wir hoffen sehr ( ) nun allseits ( ) Unterstützung zu finden.

Die Lösungen zu dieser Aufgabe finden Sie auf Seite 97f.

32. Worttrennung am Zeilenende

Und hier eine weitere Aufgabe zur Worttrennung am Zeilenende. Fügen Sie bitte wieder senkrechte Trennstriche an allen nach neuer Rechtschreibung infrage kommenden Stellen ein. Sie haben 5 Minuten Zeit.

1. hinausblicken
2. Atelierfenster
3. Sowjetunion
4. Retrospektive
5. Oberösterreich
6. Elektronik
7. voraus
8. problemorientiert
9. industrialisieren
10. geistesgestört
11. Adresse
12. Katastrophe
13. Arthritis
14. Ketschup
15. integrieren
16. Ultraschalldiagnostik
17. Magentablette
18. einander
19. Karpfen
20. überhasten
21. Kambodscha
22. aufwändig
23. Retrospektive

Die Lösungen zu dieser Aufgabe finden Sie auf Seite 98.

33. Neue Rechtschreibung allgemein: Stelleninserat

Wenn Unternehmen Stellenanzeigen schalten, wimmeln diese nicht nur häufig vor Fremdwörtern und Wortneuschöpfungen bei den Berufsbezeichnungen für die ausgeschriebenen Jobs, sondern auch manchmal vor Fehlern. Helfen Sie der Firma aus dem folgenden Beispiel bitte auf die Sprünge, indem Sie den Inseratstext innerhalb von 8 Minuten nach den neuen Rechtschreibregeln korrigieren.

Aufstiegchancen bei Löwenreuth

____

Die Löwenreuth AG gehört zu den bedeutensten Herstellern von High

____

End Produkten im Bereich Kleinelektronick auf dem Internazionalen

____

Markt. Diese Spitzenposition haben wir nur durch die Topp-Qualität

____

unserer Produckte erreichen können. Für die Produktionsentwick-

____

lung (zwischen Diseign, Vertrieb und Technik) suchen wir einen Ko-

____

ordinator oder eine Koordinatorin. Wir erwarten ein sicheres Ästetik-

____

gefühl, Marketing-Denken, Organisazionstalent und Fremdsprachen-

____

kenntnisse (englisch). Der Eintritt sollte sobald wie möglich erfolgen

können. Wir bieten die der Posizion entsprächende Bezahlung und

gute soziale Leistungen. Sie finden nach Einarbeitung und Bewärung

einen interessanten Arbeitsplatz. Bitte senden sie ihre vollständigen

schriftlichen Unterlagen an: Löwenreuth AG, Personalabteilung, z. H.

Herrn Winka, Pariser Straße 70, 25311 Gunzeln

Die Lösungen zu dieser Aufgabe finden Sie auf Seite 98f.

34. Neue Rechtschreibung allgemein: Anschreiben

Hier sehen Sie ein (frei erfundenes) Bewerbungsanschreiben mit sehr vielen Rechtschreib- und Kommafehlern, das Sie bitte nach der neuen Regelung innerhalb von 8 Minuten korrigieren.

Assisstentz der Verkaufsleitung Im- und Export

____

Sehr geehrte Frau Maier

____

mit ihrer Mitarbeiterin Frau Moog, habe ich heute telefonisch be-

____

sprochen ihnen meine kommpletten Bewerbungsunterlagen für die

____

Position des Assisstenten der Verkaufsleitung Im und Export zu

____

zusenden. Im folgenden kurz meine Essentiels: Seit anfang 1997 bin

____

ich diplomirter Betriebswirt für Aussenhandel. Mein Studium absol-

____

wirte ich innerhalb kürzester Zeit an der hamburger Aussenhandels-

____

akkademie mit einem »Sehr Gut« als Abschlußnote. Ich verfüge über

____

lang jährige Erfahrungen im Bereich Verkaufsachbearbeitung, und

habe kontinuirlich meine Fremdsprachenkenntnisse aus gebaut. Aus-

serdem habe ich mich im Bereich Personalmanagemant erfolgreich

weiter gebildet. Umfassende Fähigkeiten in der selbständigen Orga-

nisation von Messeauftritten ergänzen mein Profihl. Ein optimaler

Eintrittstermin wäre für mich der 1. Mai 2007. Über eine Einladung

zu einem persönlichen Gespräch fräue ich mich.

Mit Besten Grüssen aus Berlin

Martin Müller

Die Lösungen zu dieser Aufgabe finden Sie auf Seite 99.

35. Neue Rechtschreibung allgemein: Lebenslauf – »Dritte Seite«

Häufig wird bei der Bewerberauswahl aufgrund der Vielzahl der eingesandten Bewerbungsmappen lediglich flüchtig das Anschreiben überflogen und dann der Lebenslauf einer genaueren Prüfung unterzogen. Stößt der Personalverantwortliche im weiteren Verlauf – nachdem sich ein erstes positives Zwischenergebnis in seinem Kopf festgesetzt hat – statt auf die Zeugnisse zuerst auf eine vollkommen unerwartete neue, »Dritte Seite«, die schlaglichtartig die wichtigsten Bewerbungsargumente oder die Lebensphilosophie des Kandidaten widerspiegelt, hat dieser mit seinem Überraschungseffekt vielleicht schon gewonnen. Eine solche »Dritte Seite« sehen Sie hier. Korrigieren Sie den Text bitte nach den neuen Schreibregeln innerhalb von 8 Minuten.

Meine Sicht der Dinge

Nur kontinuirliches Lernen ermöglicht auch kontinuirliche Verbesse-

---

rungen. Dazu braucht man die Einsicht, daß sich lernen lohnt und das

---

Bewußtsein, wie wenig man weiss, so wie die Bereitschaft, bequeme

---

Tradizionen zu verlassen, um mutig kurzfristige Verschlechterungen

---

zu Gunsten langfristiger Verbesserungen inkauf zu nehmen. Mit dem

---

gegenüber konstruktief zu komunizieren, bedeutet wirklich zuzu-

hören, den Anderen ernstzunehmen und sich zu öffnen. Nur so

können die unterschiedlichsten Standpunkte erfolgreich zusammen

geführt werden. Und nur kontinuirliche Verbesserungen ermöglichen

einen stabielen Unternehmenserfolg.

München, den 5. März 2007

Marius Maus

Die Lösungen zu dieser Aufgabe finden Sie auf Seite 100.

36. Neue Rechtschreibung allgemein: Bewerbertelefonat

Korrigieren Sie bitte das folgende – von uns transkribierte – Telefonat einer Bewerberin mit der Personalverantwortlichen eines Unternehmens nach der neuen Rechtschreibung. Sie haben 8 Minuten Zeit.

Guten Tag Frau Schacht hier spricht Sara Kugler. Ich möchte mich

nochmal herzlich für das angeregte Gespräch bedanken, dass wir

Gestern nachmittag in ihrem Bürro geführt haben. Ich möchte eigent-

lich nur kurz zusammen fassen, welche Punkte wir Gestern ange-

sprochen haben um sicher zu gehen, dass das wichtigste bei meiner

Bewerbung nicht aus dem Blick gerät: Meine potentielle Problem-

Lösungskompetenz für ihr Unternehmen. Ich war zulätzt drei jahre-

lang für ihren direkten Konkurennten, die Firma XYZ tätig, und habe

dort die Publicrelations-Abteilung geleihtet. In diesem Metiee war ich zuvor schon vier jahrelang als Freier Berater für nahmhafte Markt-

fürer tätig. Ich denke, dass ich auch in ihrer Firma so einiges bewegen

und Schwung in die PR hinein bringen könnte. Es währe schön, wenn

wir uns in den nächsten Tagen ernäut zu sammen setzen könnten,

um weiteres zu besprechen.

Die Lösungen zu dieser Aufgabe finden Sie auf Seite 100f.

Lösungsverzeichnis

1. Wort- und Sprachverständnis: Wörter erkennen

1. KÖNIG; 2. WASSER; 3. KAFFEE; 4. SUPPE; 5. PILZ; 6. BALLON; 7. FEUERWEHR; 8. RETTUNGSDIENST; 9. KRAN; 10. KRANFÜHRER; 11. ZUG; 12. POLIZEI; 13. KIRCHE; 14. LAUTSPRECHER; 15. COMPUTER; 16. AUTO; 17. STRASSENBAHN; 18. TISCH; 19. REGAL; 20. BAUM; 21. FAHRSTUHL; 22. AMPEL; 23. HOCHHAUS; 24. FLUGZEUG

2. Wort- und Sprachverständnis: Buchstaben ergänzen

1. WIEDERGUTMACHUNGSAMT; 2. ZIMMERVERMIETUNG; 3. ZENTRALHEIZUNGSBEDARF; 4. ZOOHANDLUNG; 5. SEILWINDEN; 6. WERKZEUGMASCHINENREPARATUREN; 7. UNTERHALTUNGSKÜNSTLER; 8. ÜBERDACHUNGEN; 9. TELEKOMMUNIKATIONSANLAGEN; 10. STEINMETZWERKZEUGE; 11. TIERHEILBEHANDLER; 12. TRANSPORTVERSICHERUNGEN; 13. SCHRIFTENMALER; 14. ROHRREINIGUNGSFEDERN; 15. SCHLACHTEREIMASCHINEN; 16. NEONRÖHREN; 17. OVERHEADPROJEKTOREN; 18. PORZELLANMANUFAKTUR; 19. NAVIGATIONSGERÄTE; 20. LUFTBEFEUCHTUNGSANLAGEN; 21. KRIMINALPOLIZEI; 22. KARTOFFELSCHÄLMASCHINEN; 23. GEMEINDEVERWALTUNG; 24. DUNST- ABZUGSHAUBENREINIGUNG; 25. BRENNSTOFFPUMPEN; 26. BRUNNENAUSBAUMATERIAL; 27. AKTENVERNICHTUNGSMASCHINEN; 28. LAUTSPRECHERBOXEN; 29. DIABELICHTUNGSGERÄTE; 30. WOHNUNGSBAUGESELLSCHAFT; 31. BEERDIGUNGSINSTITUT; 32. BEWÄSSERUNGSANLAGEN; 33. BLECHSCHNEIDEREI; 34. ARBEITSSCHUTZAUSRÜSTUNGEN; 35. ALTREIFENBESEITIGUNG; 36. APOTHEKENVERRECHNUNGSSTELLE; 37. BADEANSTALT;

38. ACRYLGLASVERARBEITUNG; 39. ÄNDERUNGSSCHNEIDEREI; 40. KNABENOBERBEKLEIDUNG

3. Vergleich alte und neue Rechtschreibung

		alt	neu
1.	allmehlich	allmählich	allmählich
2.	tötlich	tödlich	tödlich
3.	Rarbarber	Rhabarber	Rhabarber
4.	Barbahren	Barbaren	Barbaren
5.	Bare (die)	Bahre	Bahre
6.	Depäsche	Depesche	Depesche
7.	Kollagen	Kollagen	Kollagen
8.	Collage	Collage	Collage
9.	Balletttänzer	Ballettänzer	Balletttänzer/ Ballett-Tänzer
10.	Gallopprennbahn	Galopprennbahn	Galopprennbahn
11.	Schifffahrtsleitung	Schiffahrtsleitung	Schifffahrtsleitung
12.	Wagabund	Vagabund	Vagabund
13.	Theke	Theke	Theke
14.	Delphin	Delphin	Delphin/Delfin
15.	Rhythmus	Rhythmus	Rhythmus
16.	Wiederstand	Widerstand	Widerstand
17.	Komunikation	Kommunikation	Kommunikation
18.	Sympatie	Sympathie	Sympathie
19.	Anektion	Annexion	Annexion
20.	zusehens	zusehends	zusehends
21.	Methode	Methode	Methode
22.	Methropole	Metropole	Metropole
23.	Filliaale	Filiale	Filiale
24.	Filet	Filet	Filet
24.	filettieren	filetieren	filetieren

4. Getrennt- und Zusammenschreibung

Zwei Gangster, die leider etwas dämlich waren, starteten einen Coup. Leider ist der total schiefgegangen. Denn mit ihrer Planung haben sie völlig schiefgelegen. Sie hatten vor, eine Bombe unterhalb einer Bank zu zünden, aber sie hatten den Draht vollkommen schief gewickelt. Als der Sprengsatz nach 2-stündigen Versuchen endlich detonierte, kamen sie nicht im Tresorraum der Bank heraus, sondern direkt im Kundenfoyer. Dort standen zufällig mehrere Polizisten, die gerade Geld abheben wollten. Sie riefen sogleich die Zentrale an(,) und kurze Zeit später konnten die Gauner abgeholt werden. Auf dem Polizeipräsidium haben sich die Leute alle schiefgelacht.

5. Englischsprachige Lehnwörter

Rainer ist ein richtig tougher/taffer Typ. Schon als Jugendlicher jobbte er, und so konnte er sich alles Mögliche leisten. Während seines BWL-Studiums wurde die Arbeit allmählich zu einem Fulltimejob/Fulltime-Job. Kaum hatte er seinen Abschluss gemacht, riefen ihn auch schon die ersten Headhunter an. Er musste an einem Assessmentcenter/Assessment-Center teilnehmen, und weil er so fit im Handling der neuen Medien war, bekam er einen Job als Fundraiser. Er ist für Mailingaktionen/Mailing-Aktionen verantwortlich und muss auch die Homepages für die Internetperformances/Internet-Performances seiner Auftraggeber designen. Nach Feierabend fährt er zu einem Drive-in-Restaurant und isst dort eine Kleinigkeit, bevor er todmüde ins Bett fällt.

6. Allgemeine Übung zur Orthografie

1. c / 2. e / 3. d /4. d / 5. c, e / 6. c, e / 7. d / 8. e / 9. e / 10. c / 11. d / 12. e / 13. d / 14. b / 15. b / 16. a, c / 17. d / 18. b, d / 19. d / 20. b / 21. a, e / 22. e / 23. c / 24. c / 25. e / 26. c / 27. b / 28. c

7. Laut-Buchstaben-Zuordnung

Christian kaufte sich einen neuen Computer. Als er zuhause/zu Hause ankam, öffnete er zuerst behände die Verpackungskartons und stellte die gesamte Hardware auf seinen Schreibtisch. Dann begann er damit, die Programme zu installieren. Es war viel aufwändiger/aufwendiger, als er zuerst gedacht hatte. Zu allem Überfluss bekam er auch plötzlich einen Schnupfenanfall und musste sich dauernd schnäuzen. Aber wie immer hatte er ein Quäntchen Glück(,) und bald funktionierte der Computer. Um dieses Ereignis zu feiern, ging er mit seiner Freundin in eine Schänke/Schenke und trank ein Glas Wein mit ihr. Bei einem Rosenverkäufer erstand er eine duftende Blume, die er ihr schenkte. Leider aber fasste sie den Stängel ungeschickt an und verletzte sich an den Dornen.

8. Multiple-Choice-Übung

1. a / 2. b / 3. d / 4. c / 5. a, b / 6. d / 7. a

9. Laut-Buchstaben-Zuordnung: aufeinandertreffenden Konsonanten

Sabine ist in einer großen Flanelllappenfirma/Flanell-Lappen-Firma tätig. Sie hat es durchgesetzt, ihre Arbeit zu Hause zu erledigen. So kann sie sich nebenbei ihre Wohnung renovieren lassen. Die Wände wurden mit Dämmmaterial/Dämm-Material abgedichtet und dann mit einer Kunststofffolie/Kunststoff-Folie überklebt. Dann kam der Elektriker und machte sich mit einem Stemmmeißel/Stemm-Meißel an die Arbeit, um die Leitungen neu verlegen zu können. Als Sabine ihm einen Kaffee anbot, lehnte er dankend ab. Er sagte, er würde nur Kaffeeersatz/Kaffee-Ersatz aus seiner über alles geliebten und zudem auch noch grifffesten/Griff-festen Kunststoffflasche/Kunststoff-Flasche trinken. Sabine, die selbst auch keinen Kaffee trinkt, bereitete für sich allein einen Brennnesseltee/Brenn-Nessel-Tee zu.

10. Laut-Buchstaben-Zuordnung: ss- beziehungsweise ß-Schreibung

Tina und Ernst haben einen überaus wissbegierigen Sohn. Der kleine Spross setzt sich immer bei seiner Mutter oder seinem Vater auf den Schoß und fragt ihnen buchstäblich Löcher in den Bauch. Er gibt noch nicht einmal Ruhe, wenn sie ihm sagen, dass sie müde sind oder ihnen seine Fragerei aus anderen Gründen nicht passt. Er will zum Beispiel, dass seine Eltern ihm erklären, wie viel Wasser die Spree vor 100 Jahren hinunterfloss, warum ein Mörder einen Mann erschoss, warum Klöße rund sind oder warum ihm früher eine Hose noch passte und heute nicht mehr. Obwohl sich Tina und Ernst darüber freuen, dass ihr Sohn so interessiert an allem ist, bereiten ihnen seine Fragen doch manchmal im Überfluss Verdruss, und sie sagen: »Jetzt ist Schluss!«

11. Alte Rechtschreibung

1. c / 2. e / 3. d / 4. e / 5. e / 6. e / 7. d / 8. b / 9. c / 10. d / 11. b / 12. b / 13. c / 14. b

12. Laut-Buchstaben-Zuordnung: Schreibung von Fremdwörtern

Heute ist Jonathan Smith-Wesson ein berühmter Choreograph/Choreograf. Lange Zeit hatte er Panther/Panter gebändigt und nebenbei auch mit Delphinen/Delfinen gearbeitet. Den Tieren gab er immer, wenn sie eine Übung richtig absolviert hatten, zur Belohnung etwas Ketchup/Ketschup und dann und wann auch ein bisschen Cornedbeef/ Corned Beef. Ein Delphin/Delfin, er hieß John, bevorzugte allerdings Joghurt/Jogurt. Offensichtlich war er Vegetarier. Obwohl Jonathan sein Job eigentlich Spaß machte, wollte er eines Tages, nachdem er ein wunderhübsches Au-pair-Mädchen kennen gelernt/kennengelernt hatte, ins Bigbusiness/Big Business wechseln. So begann er zuerst ein

Philosophie-Studium, bevor er sich, angeregt durch einige Open-Air-Konzerte, entschloss, seine kreativen Potenziale/Potentiale voll auszuschöpfen. Deshalb wurde er Choreograph/Choreograf.

13. Schreibung von Fremdwörtern

1. a, b / 2. a, c / 3. c, d / 4. a, d / 5. c / 6. a, c / 7. b, c / 8. c, d / 9. b / 10. a / 11. a, d / 12. a, b / 13. b, c / 14. b, c / 15. a, d / 16. a, b, c / 17. a, b / 18. b, c / 19. b / 20. a, c / 21. b, c / 22. c / 23. d / 24. a / 25. c, d / 26. c / 27. a, b / 28. a, b

14. Neue Rechtschreibung allgemein

Elisabeth ist Meteorologin und arbeitet für das Fernsehen. Trotz ihres qualifizierten Studiums fällt es ihr manchmal schwer, exakte Wetterprognosen zu erstellen. Das Schlimme ist, dass sie nach kurzer Zeit niemand mehr ernst nimmt, wenn sie mit ihren ernst gemeinten/ernstgemeinten Vorhersagen einmal nicht ins Schwarze trifft. An einem Abend sagte sie aus Spaß, es würde ein Unwetter aufkommen, dessen Wogen das ganze Land überschwemmen würden. Die Zuschauer nahmen den Scherz für Ernst und rüsteten sich für die Katastrophe. Allen Ernstes beschwerten sie sich bei ihr, als am nächsten Tag kein Tröpfchen Regen fiel. Als Elisabeth sich rechtfertigte und sagte, es sei doch der erste April gewesen und ihr Beitrag sei deshalb nicht ernst gemeint/ernstgemeint gewesen, drohte man ihr im vollen Ernst ein gerichtliches Verfahren an.

15. Getrennt- und Zusammenschreibung

1. c / 2. a / 3. a / 4. a, b / 5. a, b / 6. b / 7. a, b / 8. b, c / 9. a / 10. d

16. Getrennt- und Zusammenschreibung

In einer mondbeschienenen Nacht machte der Aufsicht führende/aufsichtführende Museumswächter eine folgenreiche Entdeckung: Bis dahin hatte er immer gedacht, dass es sich bei den Legenden, die sich um bei Vollmond ihr Unwesen treibende Gestalten rankten, um reine Fantasiegebilde/Phantasiegebilde handelte. Nun aber sah er plötzlich auf einer dem Firmengelände nahe liegenden/naheliegenden Wiese ein bläulich grün schimmerndes Wesen, das ganz offensichtlich eine ernst zu nehmende/ernstzunehmende Bedrohung für die gesamte Menschheit darstellte. Obwohl er den Außerirdischen genau genommen/genaugenommen nicht wirklich klar erkennen konnte, so war er doch imstande/im Stande, die weit reichenden/weitreichenden Folgen dieser Erscheinung sofort zu erkennen.

17. Getrennt- und Zusammenschreibung

1. naheliegend	nahe liegend/naheliegend
2. nahegelegen	nahe gelegen/nahegelegen
3. weitreichend	weit reichend/weitreichend
4. ernstzunehmend	ernst zu nehmend/ernstzunehmend
5. gefangennehmen	gefangen nehmen
6. aufsehenerregend	Aufsehen erregend/ aufsehenerregend
7. verlorengegangen	verloren gegangen/verlorengegangen
8. haltmachen	Halt machen/haltmachen
9. hochgeachtet	hoch geachtet/hochgeachtet
10. etwas zuwege bringen	etwas zuwege/ zu Wege bringen
11. übrigbehalten	übrig behalten
12. allein erziehend	allein erziehend/alleinerziehend
13. achtgeben	Acht geben/achtgeben
14. aufeinanderprallen	aufeinanderprallen
15. beieinandersitzen	beieinandersitzen

16. kennenlernen	kennen lernen/kennenlernen
17. leichtverständlich	leicht verständlich/leichtverständlich
18. spazierengehen	spazieren gehen
19. stehenlassen	stehen lassen/stehenlassen
20. dahinterkommen	dahinterkommen
21. durcheinanderbringen	durcheinanderbringen
22. sitzengelassen	sitzen gelassen/sitzengelassen
23. flötengehen	flöten gehen
24. glühendheiß	glühend heiß
25. wieviel	wie viel

18. Getrennt- und Zusammenschreibung (Einzelfälle)

Johannes sah sich völlig außerstande/außer Stande, außer Landes zu gehen, obwohl ihm irgendjemand gesagt hatte, überall woanders wäre es schöner als hier. Aber er war einfach nicht imstande/im Stande, an einem anderen Punkt auf der Erde irgendetwas zustande/zu Stande zu bringen. Wenn er sich nicht in seinem kleinen Heimatdorf aufhielt, war ihm gar nicht gut zumute/zu Mute. Auch mithilfe/mit Hilfe eines kleinen Ratgebers, den er sich extra zu diesem Thema gekauft hatte, kam er nicht zurande/zu Rande. Deshalb blieb er am liebsten, auch wenn es zuungunsten/zu Ungunsten seiner Karriere sein mochte, zuhause/zu Hause. Er sagte immer: »So kann ich mir wenigstens nichts zuschulden/zu Schulden kommen lassen.«

19. Verbindungen mit sein

1. auseinander sein; 2. außerstande sein/außer Stande sein; 3. beisammen sein; 4. da sein; 5. fertig sein; 6. heraus sein; 7. hier sein; 8. hinüber sein; 9. ***ihmsein* ist schlichtweg falsch – es heißt *sein!***; 10. inne sein; 11. los sein; 12. pleite sein; 13. sein lassen/seinlassen; 14. verrückt sein; 15. vonnöten sein; 16. vorbei sein; 17. vorhanden sein; 18. vorüber

sein; 19. zu sein; 20. zufrieden sein; 21. zuhanden sein; 22. zumute sein/zu Mute sein; 23. zurück sein; 24. zusammen sein

20. Schreibung mit Bindestrich

1. i-Punkt; 2. Sollstärke/Soll-Stärke; 3. Lottoannahmestelle/Lotto-Annahmestelle; 4. Umsatzsteuer-Tabelle; 5. Flüssigwasserstoff-Tank/Flüssigwasserstofftank; 6. süßsauer; 7. grünweiß gestreift; 8. heiter-verspielt; 9. Druck-Erzeugnis; 10. Drucker-Zeugnis; 11. Links-rechts-Kombination; 12. D-Dur-Tonleiter; 13. Kaffee-Ersatz/Kaffeeersatz; 14. Sichausweinen; 15. US-amerikanisch; 16. Rechng.-Nr.; 17. 68er-Generation; 18. 8fach/8-fach; 19. Ein- und Ausgang; 20. Computergroß- und -einzelhandel; 21. 8fach-Belegung/8-fach-Belegung; 22. ein 18-Jähriger; 23. der 18-jährige Tom; 24. 1000-m-Lauf; 25. die x-te Wurzel

21. Groß- und Kleinschreibung/Getrennt- und Zusammenschreibung

Lieber Uli,
ich muss dir/Dir leider sagen, dass ich stinksauer auf dich/Dich bin. Du wolltest gestern Nachmittag gegen zwei Uhr bei mir vorbeikommen und eine Tasse Kaffee mit mir trinken. Ich habe drei Stunden lang auf dich/Dich gewartet, weil ich weiß, dass du/Du mittwochnachmittags immer ziemlich im Stress bist. Aber dann wurde es mir zu bunt(,) und ich habe versucht, dich/Dich übers Handy zu erreichen. Und was musste ich feststellen? Es war nicht einmal angestellt. Ich verstehe nicht, wie du/Du mich so sitzen lassen/sitzenlassen konntest. Nimm dich/Dich in Acht! Wenn du dich/Du Dich bis übermorgen Abend nicht bei mir gemeldet haben solltest, dann drohe ich dir/Dir hiermit in aller Form an, dass ich dir/Dir unsere 9-jährige Freundschaft kündigen werde. Ich grüße dich/Dich – noch – aufs Herzlichste/aufs herzlichste,
deine/Deine Wiebke

22. Groß- und Kleinschreibung/Getrennt- und Zusammenschreibung

Liebe Wiebke,
wir waren doch überhaupt nicht miteinander verabredet. Du hattest zwar in Bezug auf einen möglichen Termin den Mittwochnachmittag genannt, aber ich habe nicht im Geringsten daran gedacht, dass du/Du auf mich warten könntest. Des Weiteren muss ich dir/Dir auch noch sagen, dass ich im Allgemeinen nichts gegen ein offenes Wort habe, aber ich habe nicht das Geringste für so ein Schreiben übrig, wie du/Du es mir geschickt hast. Alles Übrige klären wir lieber persönlich, das halte ich zumindest für das Beste in dieser verfahrenen Situation. So können wir unser Missverständnis vielleicht aufs Schnellste/aufs schnellste wieder geradebiegen und im Folgenden dafür sorgen, dass so etwas nicht wieder vorkommt.
Viele Grüße, Uli

23. Schreibung von Eigennamen

1. b / 2. a / 3. a, b / 4. b / 5. a, b / 6. a / 7. b / 8. a, b / 9. a, b / 10. d /11. a / 12. a / 13. c / 14. a / 15. a, b / 16. b / 17. b / 18. a, b / 19. a / 20. a, b / 21. b / 22. c

24. Getrennt- und Zusammenschreibung/ Groß- und Kleinschreibung

1. a / 2. a, b / 3. b, d / 4. b / 5. a, b / 6. c, d / 7. b, c / 8. a / 9. c, d / 10. b, c / 11. a, b / 12. a, b / 13. d / 14. a, d / 15. c / 16. b / 17. a, b / 18. c, d / 19. a, b / 20. b / 21. b

25. Multiple-Choice-Übung zur neuen Rechtschreibung

1. b / 2. d / 3. a / 4. a / 5. c / 6. b / 7. d / 8. d / 9. c / 10. b / 11. c / 12. d / 13. c / 14. a

26. Allgemeines Diktat

Die Aprikose

Die Aprikose war in China bereits im dritten vorchristlichen Jahrtausend bekannt. Während der Antike wanderte das überaus wohlriechende/wohl riechende Rosengewächs nach Europa. Besonders auf den Balearen ist die Frucht bis heute sehr beliebt. Das Obst ist vielseitig zu verwenden: in süßen Nachspeisen, als Kompott und als Abrundung deftiger Fleischgerichte. Bis zum Ende des 19. Jahrhunderts ging es der Aprikosenindustrie, besonders auf Mallorca, glänzend. Viele tausend/Tausend Tonnen wurden ins Ausland exportiert. Doch dann konnte sich die auch Marille genannte Frucht nicht mehr gegen die Konkurrenz aus Marokko, Tunesien und der Türkei behaupten. Das ging sogar so weit, dass in den 90er Jahren/90er-Jahren des 20. Jahrhunderts jährlich 50 000 Tonnen Aprikosen vernichtet werden mussten, da Ernte und Transport nicht mehr rentabel waren.

27. Worttrennung am Zeilenende

1. ele-gant; 2. in-te-res-sant/in-ter-es-sant; 3. ge-währ-leis-ten; 4. Ägyp-ter; 5. He-li-kop-ter/He-li-ko-pter; 6. Freun-de; 7. Brau-e-rei; 8. Eber; 9. Kas-ten; 10. Hus-ten; 11. po-e-tisch; 12. Re-mi-nis-zenz; 13. an-sons-ten; 14. er-schro-cken; 15. zi-ckig; 16. Sig-nal/Si-gnal; 17. pa-ral-lel/par-al-lel; 18. da-rum/dar-um; 19. Ins-tinkt/In-stinkt; 20. An-al-pha-bet (Die Trennung *Anal-phabet* sollte vermieden werden.); 21. Blu-men-topf-er-de; 22. Ins-tru-ment/Inst-ru-ment/In-stru-ment; 23. Mar-me-la-de; 24. Kom-pass

28. Zeichensetzung

Er weigerte sich(,) zu gehen. / Er rauchte, anstatt zu arbeiten. / Du brauchst dich nicht zu rechtfertigen. / Wir raten Ihnen(,) nicht auf ihn zu hören. / Wir wollen versuchen(,) etwas Neues zu kreieren. / Er fasste den Entschluss, im nächsten Jahr nach Australien zu reisen. / Er scheint heute endlich wieder gute Laune zu haben. / Wir hatten die Summe zu begleichen beschlossen. / Die Idee, mehr für seine Gesundheit zu tun, ließ ihn nicht mehr los. / Den Betrag bitte ich auf mein Konto zu überweisen.

29. Kommasetzung mit Konjunktionen

Er war arm, aber glücklich. / Sie ist größer als ich. / Richard Gere sieht in Realität viel besser aus, als ich es erwartet hätte. / Jeden Abend läuft er (,) beziehungsweise er geht spazieren. / Sie ist bibliophil, d. h. sie liebt Bücher. / Er sagte, dass er mich morgen früh/Früh besuchen würde. / Abgesehen davon, dass er gut in der Schule war, spielte er gut Tennis. / Je mehr er aß, desto dicker wurde er. / Erst wenn wir gegessen haben, können wir ins Kino gehen. / Er redet, ohne eine Pause zu machen. / Er redet ohne Punkt und Komma.

30. Neue Rechtschreibung allgemein

1. Wir sahen gestern Abend eine Balletttänzerin/Ballett-Tänzerin; 2. Ich habe Ähnliches bei Ackerbau treibenden/ackerbautreibenden Völkern erlebt; 3. Ich will im Besonderen erwähnen, dass es das Beste ist, wenn wir auseinandergehen; 4. Er ist immer der Alte geblieben, der gerne jemandem Angst macht; 5. Egal ob bei Arm oder Reich – die blond gefärbte/blondgefärbte Blondine aß Delikatessgurken; 6. Der in der Metall verarbeitenden/metallverarbeitenden Industrie tätige Panther/Panter war aus Pappmaschee/Pappmaché; 7. Die Laub tragenden/laubtragenden Bäume waren in null Komma nichts entlaubt; 8. Der Rau-

haardackel fraß am liebsten Raufasertapete; 9. Das Schlimmste ist ein schlecht gelauntes/schlechtgelauntes Saxophon/Saxofon.

31. Zeichensetzung

1. Für eine verbindliche Antwort (0) wäre ich Ihnen äußerst zu Dank verpflichtet. 2. Er sattelte das Pferd (0) und ritt nach Hause. 3. Er sang (0) und sang (0) immer tiefer (,) bis es nicht mehr weiter ging. 4. Bei Vertragsabschluss (0) ist es am sichersten (,) alle Vereinbarungen schriftlich festzuhalten. 5. Im Zusammenhang mit der steigenden Kriminalität (0) nehmen die Verdächtigungen (,) insbesondere was Ausländer anbetrifft (,) beträchtlich zu. 6. Der Mannheimer Drehorgelmann (,) von Hause aus mit der Rechtschreibung auf Kriegsfuß (,) machte sein Instrument zu (,) schloss den Wagen ein (0) und fühlte den unwiderstehlichen Drang (,) ein Bier trinken zu müssen (0) oder wenigstens (0) in einem Gasthaus einzukehren. 7. »Ich darf es nicht vergessen« (,) dachte der Mann bei sich (,) bevor er endlich einschlief (,) und schon klingelte das Telefon. 8. Sie ist keine zart besaitete/zartbesaitete Maid (,) dachte er (0) und nahm noch eine Beruhigungstablette (,) bevor er sich weiter mit ihr unterhielt. 9. Die Überlegung (,) zu kündigen (,) hatte er schon lange ins Auge gefasst. 10. Er fuhr (,) ohne zu gucken (,) geradewegs (0) mit seinem schönen neuen Fahrrad (0) in die Hecke. 11. Für eine baldige Zusage (0) wäre ich Ihnen sehr verbunden. 12. Aus diesem Grund (0) sind gerade Pinguine geeignete Testobjekte (0) für das Studium von Ausmaß (,) Dauer (0) und Bedingungen der Kältegewöhnung. 13. In der Bundesregierung hält sich leider niemand (,) nicht einmal der Bundeskanzler (,) für kompetent genug, um eine derartige Prognose zu wagen. 14. Seine einzige Unterstützung bestand in dem Funkgerät (,) falls dieses überhaupt funktionieren würde. 15. Am Aktienmarkt überwogen die Gewinne (,) was namentlich für die Autopapiere und Chemiewerte galt. 16. Bei Vertragsabschluss ist es am besten, sich alle gewünschten Zusätze schriftlich bestätigen zu lassen. 17. Die unmittelbare Nähe des Meeres (0) garantierte immer eine frische Brise (0) und versprach bei starker Hitze Kühlung. 18. In Zusammenhang mit den steigenden

Produktionszahlen (0) können auch die inländischen Unternehmen (,) allen voran unsere Firma (,) größere Aufträge verbuchen. 19. Wir hoffen (,) mit diesem Buch (0) ein deutlicheres Bewusstsein für die Lage der Auszubildenden geschaffen zu haben. 20. Wir hoffen sehr (,) nun allseits (0) Unterstützung zu finden.

32. Worttrennung am Zeilenende

1. hi-naus-bli-cken/hin-aus-bli-cken; 2. Ate-li-er-fens-ter; 3. Sowjet-uni-on/So-wjet-uni-on; 4. Ret-ros-pek-ti-ve/Re-tro-spek-ti-ve; 5. Ober-ös-ter-reich; 6. Elekt-ro-nik/Elek-tro-nik; 7. vo-raus/vor-aus; 8. prob-lem-ori-en-tiert/pro-blem-ori-en-tiert; 9. in-dus-tri-a-li-sie-ren/in-dust-ri-a-li-sie-ren; 10. geis-tes-ge-stört; 11. Ad-res-se; 12. Ka-tas-tro-phe/Ka-tast-ro-phe/Ka-ta-stro-phe; 13. Arth-ri-tis/Ar-thri-tis; 14. Ket-schup/ Ketsch-up; 15. in-teg-rie-ren/in-te-grie-ren; 16. Ult-ra-schall-di-ag-nos-tik/Ul-tra-schall-di-a-gnos-tik; 17. Ma-gen-tab-let-te/Ma-gen-ta-blet-te; 18. ei-nan-der/ein-an-der; 19. Karp-fen; 20. über-has-ten; 21. Kam-bod-scha/Kam-bo-dscha; 22. auf-wän-dig; 23. Ret-ros-pek-ti-ve/Re-tro-spek-ti-ve

33. Neue Rechtschreibung allgemein: Stelleninserat

Aufstiegschancen bei Löwenreuth

Die Löwenreuth AG gehört zu den bedeutendsten Herstellern von Highendprodukten/High-End-Produkten im Bereich Kleinelektronik auf dem internationalen Markt. Diese Spitzenposition haben wir nur durch die Topqualität unserer Produkte erreichen können. Für die Produktionsentwicklung (zwischen Design, Vertrieb und Technik) suchen wir einen Koordinator oder eine Koordinatorin. Wir erwarten ein sicheres Ästhetikgefühl, Marketingdenken, Organisationstalent und Fremdsprachenkenntnisse (Englisch). Der Eintritt sollte so bald wie möglich erfolgen können. Wir bieten die der Position entsprechende

Bezahlung und gute soziale Leistungen. Sie finden nach Einarbeitung und Bewährung einen interessanten Arbeitsplatz. Bitte senden Sie Ihre vollständigen schriftlichen Unterlagen an:

Löwenreuth AG, Personalabteilung, z. H. Herrn Winka, Pariser Straße 70, 25311 Gunzeln

34. Neue Rechtschreibung allgemein: Anschreiben

Assistenz der Verkaufsleitung Im- und Export

Sehr geehrte Frau Maier,

mit Ihrer Mitarbeiterin(,) Frau Moog(,) habe ich heute telefonisch besprochen, Ihnen meine kompletten Bewerbungsunterlagen für die Position des Assistenten der Verkaufsleitung Im- und Export zuzusenden. Im Folgenden kurz meine Essentials:
Seit Anfang 1997 bin ich diplomierter Betriebswirt für Außenhandel. Mein Studium absolvierte ich innerhalb kürzester Zeit an der Hamburger Außenhandelsakademie mit einem »sehr gut« als Abschlussnote.

Ich verfüge über langjährige Erfahrungen im Bereich Verkaufssachbearbeitung und habe kontinuierlich meine Fremdsprachenkenntnisse ausgebaut. Außerdem habe ich mich im Bereich Personalmanagement erfolgreich weitergebildet. Umfassende Fähigkeiten in der selbstständigen/selbständigen Organisation von Messeauftritten ergänzen mein Profil.

Ein optimaler Eintrittstermin wäre für mich der 1. Mai 2007. Über eine Einladung zu einem persönlichen Gespräch freue ich mich.

Mit besten Grüßen aus Berlin
Martin Müller

35. Neue Rechtschreibung allgemein: Lebenslauf – »Dritte Seite«

Meine Sicht der Dinge

Nur kontinuierliches Lernen ermöglicht auch kontinuierliche Verbesserungen. Dazu braucht man die Einsicht, dass sich Lernen lohnt, und das Bewusstsein, wie wenig man weiß, sowie die Bereitschaft(,) bequeme Traditionen zu verlassen, um mutig kurzfristige Verschlechterungen zugunsten/zu Gunsten langfristiger Verbesserungen in Kauf zu nehmen. Mit dem Gegenüber konstruktiv zu kommunizieren(,) bedeutet(,) wirklich zuzuhören, den anderen/Anderen ernst zu nehmen und sich zu öffnen. Nur so können die unterschiedlichsten Standpunkte erfolgreich zusammengeführt werden. Und nur kontinuierliche Verbesserungen ermöglichen einen stabilen Unternehmenserfolg.

München, den 5. März 2007

Marius Maus

36. Neue Rechtschreibung allgemein: Bewerbertelefonat

Guten Tag(,) Frau Schacht, hier spricht Sara Kugler. Ich möchte mich noch mal/nochmal herzlich für das angeregte Gespräch bedanken, das wir gestern Nachmittag in Ihrem Büro geführt haben. Ich möchte eigentlich nur kurz zusammenfassen, welche Punkte wir gestern angesprochen haben, um sicherzugehen, dass das Wichtigste bei meiner Bewerbung nicht aus dem Blick gerät: meine potenzielle/potentielle Problemlösungs-Kompetenz für Ihr Unternehmen. Ich war zuletzt drei Jahre lang für Ihren direkten Konkurrenten, die Firma XYZ, tätig und habe dort die Public-Relations-Abteilung geleitet. In diesem Metier war ich zuvor schon vier Jahre lang als freier Berater für namhafte Marktführer tätig. Ich denke, dass ich auch in Ihrer Firma so einiges bewegen und Schwung in die PR hineinbringen könnte. Es wäre schön, wenn wir uns in den nächsten Tagen erneut zusammensetzen könnten, um Weiteres zu besprechen.

Kleines Praxis-Wörterbuch zur neuen Rechtschreibung

Diese nicht vollständige Liste von Wörtern und Ausdrücken soll als kleines Nachschlagewerk dienen. Sie enthält – vergleichend neben der jeweils alten Schreibung – häufig verwendete Neuschreibungen. Schreibvarianten sind mit einem Schrägstrich voneinander abgetrennt. Beide Schreibweisen sind in diesen Fällen korrekt. Unter den alten Schreibungen sind auch veraltete Neuschreibungen aufgenommen, die sich 2006 geändert haben. Das Praxis-Wörterbuch ist dadurch auch Benutzern hilfreich, denen die Regeländerungen von 1996 und 2004 – die teilweise rückgängig gemacht wurden – vertraut sind.

alt	*neu*
8fach, das 8fache	8fach/8-fach, das 8fache/8-Fache
8tägig	8-tägig
8jährig, der 8jährige	8-jährig, der 8-Jährige
8mal	8-mal
80er Jahre	80er-Jahre/80er Jahre
80prozentig	80-prozentig
80tonner	80-Tonner
80zeilig	80-zeilig
abend	**abend**
Montag abend	Montagabend
(über)morgen/heute/ (vor)gestern abend	(über)morgen/heute/ (vor)gestern Abend
abends	**abends**
Montag abends	montagabends
abhanden kommen	abhandenkommen
Abschluß	Abschluss
abseits stehen	abseitsstehen
abwärts fahren	abwärtsfahren

alt	*neu*
acht	**acht**
der, die, das achte	der, die, das Achte
acht ...	**acht ...**
acht geben	Acht geben/achtgeben
acht haben	Acht haben/achthaben
außer acht lassen	außer Acht lassen
sich in acht nehmen	sich in Acht nehmen
achtmal	achtmal/acht Mal
in die Achtzig kommen	in die achtzig kommen
Mitte Achtzig	mitte achtzig
ackerbautreibend	Ackerbau treibend/ ackerbautreibend
ade sagen	Ade sagen/ade sagen
adieu sagen	Adieu sagen/adieu sagen
afro-amerikanisch	afroamerikanisch
After-shave-Lotion	Aftershavelotion/ Aftershave-Lotion
allein gültig	allein gültig/alleingültig
alleinerziehend	allein erziehend/alleinerziehend
der, die Alleinerziehende	der, die allein Erziehende/ der, die Alleinerziehende
alleinstehend/allein stehend	alleinstehend
aller ...	**aller ...**
der, die, das allerbeste	der, die, das Allerbeste
der, die, das allerletzte	der, die, das Allerletzte
allgemein	**allgemein**
allgemein gültig	allgemein gültig/allgemeingültig
allgemein verbindlich	allgemein verbindlich/ allgemeinverbindlich
allgemein verständlich	allgemein verständlich/ allgemeinverständlich
im allgemeinen	im Allgemeinen
allzuoft, allzusehr, allzuviel	allzu oft, allzu sehr, allzu viel
Alma mater (die Universität)	Alma Mater

alt	*neu*
Alpdruck, -traum	Albdruck, -traum/Alpdruck, -traum
als daß	als dass
alt	**alt**
alt und jung	Alt und Jung
ganz der alte sein	ganz der Alte sein
am alten hängen	am Alten hängen
beim alten bleiben	beim Alten bleiben
es beim alten lassen	es beim Alten lassen
Amboß	Amboss
die anderen	die Anderen/anderen
andersdenkend	andersdenkend/anders denkend
der, die Andersdenkende	der, die anders Denkende/ der, die Andersdenkende
andersgeartet	anders geartet/andersgeartet
aneinander fügen, geraten, grenzen, legen, reihen	aneinanderfügen, -geraten, -grenzen, -legen, -reihen
angepaßt	angepasst
angst und bange machen	Angst und Bange machen
anheim fallen, stellen	anheimfallen, anheimstellen
Anlaß	Anlass
Anschluß	Anschluss
arg	**arg**
im argen liegen	im Argen liegen
arm und/oder reich	Arm und/oder Reich
Art-director	Artdirector/Art-Direktor)
As	Ass
Assessment Center	Assessmentcenter/ Assessment-Center
auf seiten	aufseiten/auf Seiten
aufeinander folgen	aufeinander folgen/ aufeinanderfolgen
aufeinander legen	aufeinanderlegen
aufeinander treffen	aufeinandertreffen

alt	*neu*
aufrauhen	aufrauen
aufs äußerste	aufs Äußerste/äußerste
aufs beste	aufs Beste/beste
aufs genaueste	aufs Genaueste/genaueste
aufs gleiche	aufs Gleiche
aufs gröbste	aufs Gröbste/gröbste
aufs herzlichste	aufs Herzlichste/herzlichste
aufs höchste	aufs Höchste/höchste
aufsehenerregend	Aufsehen erregend/ aufsehenerregend
aufsein	auf sein
aufwärts fahren	aufwärtsfahren
aufwendig	aufwändig/aufwendig
auseinander gehen, halten, laufen, setzen	auseinandergehen, -halten, -laufen, -setzen
aussein	aus sein
außer acht lassen	außer Acht lassen
äußerst	**äußerst**
aufs äußerste	aufs Äußerste/äußerste
außerstande	außer Stande/außerstande
Ballettänzer	Balletttänzer/Ballett-Tänzer
Bange	**Bange**
jmdm. (angst und) bange machen	jmdm. (Angst und) Bange machen
Bankrott gehen	bankrottgehen
Baß	**Bass**
Baßstimme	Bassstimme/Bass-Stimme
baß (erstaunt sein)	bass (erstaunt sein)
Beat-Generation	Beatgeneration/Beat-Generation
bedeutend	**bedeutend**
um ein bedeutendes (kleiner, größer)	um ein Bedeutendes (kleiner, größer)
behende	behände

alt	*neu*
beieinander	**beieinander**
beieinander bleiben, haben etc.	beieinanderbleiben, -haben etc.
beisammensein	beisammen sein
bekanntgeben	bekannt geben/bekanntgeben
bekanntmachen	bekannt machen/bekanntmachen
belemmert	belämmert
beliebig	**beliebig**
alles, jeder beliebige	alles, jeder Beliebige
bereit erklären	bereiterklären/bereit erklären
Bendel	Bändel
bereitmachen (sich)	bereit machen/bereitmachen
besonders	**besonders**
im besonderen	im Besonderen
besorgniserregend	Besorgnis erregend/ besorgniserregend
besser	**besser**
bessergehen	besser gehen/bessergehen
das Bessere/Beßre	das Bessere/Bessre
eine Wendung zum Besser(e)n/Beßren	eine Wendung zum Besser(e)n/Bessren
eines Besser(e)n/ Beßren belehren	eines Besser(e)n/ Bessren belehren
best...	**best**...
am besten sein	am besten sein
das beste sein	das Beste sein
zum besten geben, zum besten halten	zum Besten geben, zum Besten halten
aufs beste	aufs Beste/beste
der, die, das erste beste	der, die, das erste Beste
bestehenbleiben, -lassen	bestehen bleiben, bestehen lassen
Bestelliste	Bestellliste/Bestell-Liste
bestgehaßt	bestgchasst

alt	*neu*
beträchtlich	**beträchtlich**
um ein beträchtliches höher	um ein Beträchtliches höher
Bettuch	Betttuch/Bett-Tuch
bewußt	bewusst
bewußt machen	bewusst machen
Bezug	**Bezug**
in bezug auf	in Bezug auf
Bibliographie	Bibliografie/Bibliographie
Big Band	Bigband/Big Band
Biographie	Biografie/Biographie
bis zum letzen angespannt	bis zum Letzen angespannt
bisherig	**bisherig**
im bisherigen	im Bisherigen
Biß	Biss
bißchen	bisschen
Black Box	Blackbox/Black Box
Blackout	Black-out/Blackout
blank liegen (Nerven)	blankliegen/blank liegen
blank polieren	blankpolieren/blank polieren
blank putzen	blankputzen/blank putzen
blankpoliert	blank poliert/blankpoliert
Blasenkatarrh	Blasenkatarr
blaß	blass
Bläßhuhn/Bleßhuhn	Blässhuhn/Blesshuhn
blaugestreift	blau gestreift/blaugestreift
der Blaue Brief	der blaue/Blaue Brief
der blaue Planet	der Blaue Planet
bläulichschwarz	bläulich schwarz
bleibenlassen	bleiben lassen/bleibenlassen
blendendweiß	blendend weiß
blondgefärbt	blond gefärbt/blondgefärbt
blondgelockt	blond gelockt/blondgelockt
blutsaugend	Blut saugend/blutsaugend
Boat people	Boatpeople/Boat-People

alt	*neu*
Bonbonniere	Bonbonniere/Bonboniere
böse	**böse**
im bösen wie im guten	im Bösen wie im Guten
Boß	Boss
Bouclé	Bouclé/Buklee
bravo rufen	Bravo/bravo rufen
Bravour	Bravour/Bravur
breit	**breit**
des langen und des breiten	des Langen und des Breiten
breitgefächert	breit gefächert/breitgefächert
Brennessel	Brennnessel/Brenn-Nessel
brütendheiß	brütend heiß
buntgestreift	bunt gestreift/buntgestreift
Busineß	Business
Cash-flow	Cashflow
Centre Court	Centrecourt/Centre-Court
Chewing-gum	Chewinggum/Chewing-Gum
Chicorée	Chicorée/Schikoree
Choreographie	Choreografie/Choreographie
Comeback	Come-back/Comeback
Common sense	Commonsense/Common Sense
Corpus delicti	Corpus Delicti
Countdown	Count-down/Countdown
Crêpe	Krepp/Crêpe
dabeisein	dabei sein
dahin gehend	dahin gehend/dahingehend
Dämmaterial	Dämmmaterial/ Dämm-Material
daneben gehen (misslingen)	danebengehen
darauffolgend	darauf folgend/darauffolgend
dasein	da sein
daß	dass
datenverarbeitende Geräte	Daten verarbeitende/ datenverarbeitende Geräte

alt	*neu*
dein/Dein	**dein/Dein**
Dein (in Briefen)	dein/Dein (in Briefen)
das Deine	das deine/Deine
die Deinen	die deinen/Deinen
das Deinige	das deinige/Deinige
die Deinigen	die deinigen/Deinigen
mein und dein verwechseln	Mein und Dein verwechseln
Dekolleté	Dekolletee/Dekolleté
Delikateßgurke	Delikatessgurke
Delphin	Delfin/Delphin
dementiell	demenziell
demographisch	demografisch
derartig …	**derartig** …
etwas derartiges	etwas Derartiges
Desktop publishing	Desktoppublishing/ Desktop-Publishing
des weiteren	des Weiteren
dessenungeachtet	dessen ungeachtet
deutsch	**deutsch**
auf deutsch	auf Deutsch
in deutsch/Deutsch	in Deutsch
der deutsche Schäferhund	der Deutsche Schäferhund
diät leben	Diät leben
dichtgedrängt	dicht gedrängt/dichtgedrängt
Differential	Differenzial/Differential
dortzulande	dortzulande/dort zu Lande
draufsein	drauf sein
dritt …	**dritt** …
jeder dritte	jeder Dritte
zum dritten	zum Dritten
die dritte Welt	die Dritte Welt
durcheinander bringen	durcheinanderbringen
drückendheiß	drückend heiß
Du (in Briefen)	du/Du (in Briefen)

alt	*neu*
dünnbesiedelt	dünn besiedelt/dünnbesiedelt
Dutzende	Dutzende/dutzende
dunkel	**dunkel**
im dunkeln bleiben	im Dunkeln bleiben
im dunkeln tappen	im Dunkeln tappen
ebensogut	ebenso gut
ebensolange	ebenso lange
ebensosehr	ebenso sehr
an Eides Statt	an Eides statt
sein eigen nennen	sein Eigen nennen
sich zu Eigen machen	sich zu eigen machen
einbleuen	einbläuen
die einen	die Einen/einen
eindringlich	**eindringlich**
aufs eindringlichste	aufs Eindringlichste/ eindringlichste
darauf hinweisen	darauf hinweisen
einfach	**einfach**
das einfachste ist, …	das Einfachste ist, …
Einlaß	Einlass
einzeln	**einzeln**
der, die, das einzelne	der, die, das Einzelne
jeder einzelne von ihnen	jeder Einzelne von ihnen
(bis) ins einzelne	(bis) ins Einzelne
einzig …	**einzig** …
der, die, das einzige	der, die, das Einzige
kein einziger	kein Einziger
als einziger	als Einziger
eisenverarbeitend	Eisen verarbeitend/ eisenverarbeitend
eisigkalt	eisig kalt
Eis laufen	eislaufen
Eisschnellauf	Eisschnelllauf
ekelerregend	Ekel erregend/ekelerregend

alt	*neu*
eng …	**eng** …
engbedruckt	eng bedruckt/engbedruckt
engbefreundet	eng befreundet/engbefreundet
entfernt	**entfernt**
nicht im entferntesten vorhaben	nicht im Entferntesten vorhaben
entlassen	**entlassen**
sie entläßt ihn	sie entlässt ihn
Entweder-Oder (das)	Entweder-oder (das)
Erdöl	**Erdöl**
die erdölexportierenden Länder	die Erdöl exportierenden/ erdölexportierenden Länder
Erdnuß	Erdnuss
Erlaß	Erlass
ernst …	**ernst** …
ernstgemeint	ernst gemeint/ernstgemeint
ernstzunehmend	ernst zu nehmend/ ernstzunehmend
erst …/Erst …	**erst …/Erst** …
der erste, der eintraf	der Erste, der eintraf
fürs erste	fürs Erste
zum ersten, zum zweiten, zum dritten	zum Ersten, zum Zweiten, zum Dritten
die Erste Hilfe	die erste/Erste Hilfe
die erste Bundesliga	die Erste Bundesliga
das erstemal	das erste Mal
zum erstenmal	zum ersten Mal
Erstkläßler	Erstklässler
essentiell	essenziell/essentiell
etlichemal	etliche Mal
Euch (in Briefen)	euch/Euch (in Briefen)
Euer (in Briefen)	euer/Euer (in Briefen)
euer/Euer	**euer/Euer**
das Eure	das Eure/das eure

alt	***neu***
die Euren	die Euren/die euren
das Eurige	das Eurige/das eurige
die Eurigen	die Eurigen/die eurigen
existentiell	existenziell/existentiell
Exposé	Exposee/Exposé
expreß	express
Exzeß	Exzess
Facette	Fassette/Facette
fahrenlassen	fahren lassen/fahrenlassen
Fairneß	Fairness
Fair play	Fairplay/Fair Play
fallenlassen (Bemerkung)	fallen lassen/fallenlassen
falsch	**falsch**
falsch und richtig nicht unterscheiden können	Falsch und Richtig nicht unterscheiden können
falsch liegen (sich irren)	falschliegen
Faß	Fass
faßbar	fassbar
fassen	**fassen**
du faßt	du fasst
Fast food	Fastfood/Fast Food
fein	**fein**
feingemahlen	fein gemahlen/feingemahlen
ferner liegen	fernerliegen
fertigbekommen	fertig bekommen/ fertigbekommen
fertigbringen (Arbeit)	fertig bringen/fertigbringen
fest …	**fest** …
festangestellt	fest angestellt/festangestellt
die festgefügte Meinung	die fest gefügte/ festgefügte Meinung
fettgedruckt	fett gedruckt/fettgedruckt
feuerspeiend	Feuer speiend/feuerspeiend

alt	*neu*
finster	**finster**
im finstern tappen	im Finstern tappen
Fitneß	Fitness
flötengehen	flöten gehen
Fluß	Fluss
flüssig machen (verfügbar machen)	flüssigmachen
Flußschiffahrt	Flussschifffahrt/ Fluss-Schifffahrt
fönen	föhnen
die Haare fönen	die Haare föhnen
folgend …	**folgend** …
folgendes ist zu bedenken	Folgendes ist zu bedenken
im folgenden	im Folgenden
das folgende	das Folgende
frischgebacken	frisch gebacken/frischgebacken
frischgepreßte Orangen	frisch gepresste/frischgepresste Orangen
fritieren	frittieren
Full-time-Job	Fulltimejob/Fulltime-Job
funkensprühend	Funken sprühend/ funkensprühend
Fußballänderspiel	Fußballländerspiel/ Fußball-Länderspiel
ganz …	**ganz** …
ganz machen	ganzmachen/ganz machen
im großen und ganzen	im Großen und Ganzen
gargekocht	gar gekocht/gargekocht
Gäßchen	Gässchen
gefahrbringend	Gefahr bringend/ gefahrbringend
gefangenhalten, -nehmen	gefangen halten, gefangen nehmen
gefaßt	gefasst

alt	*neu*
gegeben	**gegeben**
es ist das gegebene	es ist das Gegebene
gegeneinander pressen	gegeneinanderpressen
gegeneinander stoßen	gegeneinanderstoßen
gehaßt	gehasst
geheim …	**geheim** …
geheimhalten	geheim halten
im geheimen	im Geheimen
gehenlassen	gehen lassen/gehenlassen
Gemse	Gämse
genaugenommen	genau genommen/ genaugenommen
genausogut, genausowenig	genauso gut, genauso wenig
Genuß	Genuss
genußsüchtig	genusssüchtig
Geographie	Geographie/Geografie
gepaßt	gepasst
gepreßt	gepresst
geradestellen	gerade stellen/geradestellen
gering	**gering**
es geht mich nicht das geringste an	es geht mich nicht das Geringste an
es stört mich nicht im geringsten	es stört mich nicht im Geringsten
geringschätzen	gering schätzen/geringschätzen
gern haben (mögen)	gernhaben
gerngesehen	gern gesehen/gerngesehen
Geschirreiniger	Geschirrreiniger/ Geschirr-Reiniger
gestern	**gestern**
gestern morgen, mittag, abend, nacht	gestern Morgen, Mittag, Abend, Nacht
gestreßt	gestresst
getrenntlebend	getrennt lebend/getrenntlebend

alt	*neu*
Gewinnummer	Gewinnnummer, Gewinn-Nummer
gewiß	gewiss
gewußt	gewusst
glatthobeln	glatt hobeln/glatthobeln
glattkämmen	glatt kämmen/glattkämmen
glattschleifen	glatt schleifen/glattschleifen
gleich	**gleich**
das gleiche	das Gleiche
aufs gleiche hinauslaufen	aufs Gleiche hinauslaufen
gleichlautend	gleich lautend/gleichlautend
Goethe	**Goethe**
die Goetheschen Dramen	die goetheschen Dramen/ die Goethe'schen Dramen
gräßlich	grässlich
Greuel	Gräuel
Grizzlybär/Grislybär	Grizzlybär/Grislibär
grobgemahlen	grob gemahlen/grobgemahlen
groß	**groß**
großangelegt	groß angelegt/großangelegt
großgewachsen	groß gewachsen/großgewachsen
Mode für groß und klein	Mode für Groß und Klein
im großen und ganzen	im Großen und Ganzen
groß schreiben	großschreiben (mit großem Anfangsbuchstabenschreiben bzw. etwas wichtig nehmen)
Guß	Guss
gut	**gut**
es im guten versuchen	es im Guten versuchen
gutgehen	gut gehen/gutgehen
gutgelaunt	gut gelaunt/gutgelaunt
gut tun (Wohlgefühl schaffen)	guttun
halb …	**halb** …
der halbgare Braten	der halb gare Braten

alt	neu
die halbleere Schachtel	die halb leere/halbleere Schachtel
die halboffenen Fenster	die halb offenen/halboffenen Fenster
der halbverhungerte Vogel	der halb verhungerte/halbverhungerte Vogel
der halbvolle Teller	der halb volle/halbvolle Teller
haltmachen	Halt machen/haltmachen
Hämorrhoide	Hämorrhoide/Hämorride
Handout	Hand-out/Handout
hängenbleiben	hängen bleiben/hängenbleiben
hängenlassen	hängen lassen/hängenlassen
Happy-End	Happyend, Happy End
hartgekocht	hart gekocht/hartgekocht
Haß	Hass
häßlich	hässlich
haushalten	Haus halten/haushalten
heilig sprechen	heiligsprechen
heißersehnt	heiß ersehnt/heißersehnt
heißgeliebt	heiß geliebt/heißgeliebt
helleuchtend	hell leuchtend/hellleuchtend
hellicht	helllicht
hier bleiben	hierbleiben
hier lassen	hierlassen
hiersein	hier sein
High	**High**
High-Fidelity	High Fidelity
Highlife	High Life/Highlife
High-Society	High Society
High-Tech	Hightech
hilfesuchend	Hilfe suchend/hilfesuchend
hintereinander schalten	hintereinanderschalten
hoch	**hoch**
die Preise hoch schrauben	die Preise hochschrauben
hoch gesteckte Erwartungen	hochgesteckte Erwartungen

alt	neu
jmdn. hochachten	jmdn. hoch achten/hochachten
jmdn. hochschätzen	jmdn. hoch schätzen/ hochschätzen
hochqualifiziertes Personal	hoch qualifiziertes/ hochqualifiziertes Personal
hofhalten	Hof halten
Hosteß	Hostess
Hot dog	Hotdog/Hot Dog
Ihr (in Briefen, nur bei Mehrzahl)	ihr/Ihr (in Briefen, nur bei Mehrzahl)
im allgemeinen	im Allgemeinen
im besonderen	im Besonderen
Imbißstand	Imbissstand, Imbiss-Stand
im einzelnen	im Einzelnen
im nachhinein	im Nachhinein
imstand(e)	imstand(e)/im Stand(e)
im übrigen	im Übrigen
im voraus	im Voraus
im vorhinein	im Vorhinein
in bezug auf	in Bezug auf
ineinander fließen	ineinanderfließen
in Frage kommen,	infrage kommen/in Frage kommen
in Frage stellen	infrage stellen/in Frage stellen
instand halten,	instand halten/in Stand halten
instand setzen	instand setzen/in Stand setzen
I-Punkt	i-Punkt
irgend etwas	irgendetwas
irgend jemand	irgendjemand
I-Tüpfelchen	i-Tüpfelchen
ja sagen	Ja sagen/ja sagen
… **jährig**	… **jährig**
2jährig, 3jährig	2-jährig, 3-jährig
ein 2jähriger, ein 3jähriger	ein 2-Jähriger, ein 3-Jähriger
jedesmal	jedes Mal

alt	*neu*
Job-hopping	Jobhopping/Job-Hopping
Job-sharing	Jobsharing
Joghurt	Joghurt/Jogurt
Joint-venture	Joint Venture
jung	**jung**
für jung und alt	für Jung und Alt
Kaffee-Ersatz	Kaffeeersatz/Kaffee-Ersatz
kalt	**kalt**
es hat mich kalt gelassen	es hat mich kaltgelassen
kaltlächelnd	kalt lächelnd/kaltlächelnd
der kalte Krieg	der Kalte Krieg
kaputtmachen	kaputt machen/kaputtmachen
Känguruh	Känguru
Karamel	Karamell
Kaßler	Kassler
Katarrh	Katarrh/Katarr
kennenlernen	kennen lernen/kennenlernen
Kennummer	Kennnummer/Kenn-Nummer
keß	kess
Ketchup	Ketschup/Ketchup
klar	**klar**
sich über etwas im klaren sein	sich über etwas im Klaren sein
klarwerden	klar werden/klarwerden
klein	**klein**
bis ins kleinste organisiert	bis ins Kleinste organisiert
ein Kontinent im kleinen	ein Kontinent im Kleinen
für groß und klein	für Groß und Klein
kleingedruckt	klein gedruckt/kleingedruckt
kleinschneiden	klein schneiden/kleinschneiden
klein schreiben (mit kleinem Anfangsbuchstaben)	kleinschreiben
klug	**klug**
es ist das klügste, wenn …	es ist das Klügste, wenn …
Knockout	Knock-out/Knockout

alt	*neu*
kochendheiß	kochend heiß
Kommißstiefel	Kommissstiefel/Kommiss-Stiefel
Kommuniqué	Kommuniqué/Kommunikee
Kompaß	Kompass
Kompromiß	Kompromiss
Kongreßstadt	Kongressstadt/Kongress-Stadt
Kontrollampe	Kontrolllampe/Kontroll-Lampe
krank machen (Belastungen)	Krankmachen/krank machen
krank melden	krankmelden
krank schreiben	krankschreiben
kraß	krass
Kreppapier	Krepppapier/Krepp-Papier
krumm biegen	krummbiegen/krumm biegen
Kunststoffolie	Kunststofffolie/Kunststoff-Folie
kurz …	**kurz** …
es kurz machen	es kurzmachen/kurz machen
kurz schneiden	kurzschneiden/kurz schneiden
kürzer treten	kürzertreten
den kürzeren ziehen	den Kürzeren ziehen
kurzgebraten	kurz gebraten/kurzgebraten
Kuß	Kuss
Küßchen	Küsschen
er, sie, es küßt	er, sie, es küsst
lahm legen	lahmlegen
lang …	**lang** …
des langen und breiten (erläutern)	des Langen und Breiten (erläutern)
langgestreckt	lang gestreckt/langgestreckt
läßlich	lässlich
er, sie, es lässt	er, sie, es lässt
Lasten	**Lasten**
zu Lasten	zulasten/zu Lasten
laubtragende Bäume	Laub tragende/laubtragende Bäume

alt	*neu*
laufen …	**laufen** …
auf dem laufenden sein	auf dem Laufenden sein
laufenlassen	laufen lassen/laufenlassen
Layout	Lay-out/Layout
leerstehend	leer stehend/leerstehend
leicht …	**leicht** …
leicht fallen	leichtfallen
leichtmachen (wenig Mühe)	leicht machen/leichtmachen
leichtverderblich	leicht verderblich/ leichtverderblich
leichtverständlich	leicht verständlich/ leichtverständlich
leid	**leid**
leid tun	leidtun
jmdm. etwas zuleid tun	jmdm. etwas zu Leid/zuleid tun
letzt …	**letzt** …
der, die letzte	der, die Letzte
als letzter (eintreffen)	als Letzter (eintreffen)
das (ist das) letzte	das (ist das) Letzte
letzteres ist richtig	Letzteres ist richtig
zum letztenmal	zum letzten Mal
liebhaben	lieb haben/liebhaben
liegenbleiben	liegen bleiben/liegenbleiben
jmdn. links liegenlassen	jmdn. links liegen lassen/ liegenlassen
… **mal**	… **mal**
2mal, 3mal	2-mal, 3-mal
maschineschreiben	Maschine schreiben
maßhalten	Maß halten/maß halten
meßbar	messbar
Meßdiener	Messdiener
Metall …	**Metall** …
das metallverarbeitende Gewerbe	das Metall verarbeitende Gewerbe/metallverarbeitende

alt	*neu*
Midlife-crisis	Midlifecrisis/Midlife-Crisis
millionenmal	Millionen Mal
mindesten	**mindesten**
nicht im mindesten	nicht im Mindesten
mißachten	missachten
Mißbrauch	Missbrauch
Mißerfolg	Misserfolg
mißtrauisch	misstrauisch
Mißverständnis	Missverständnis
mit Hilfe	mithilfe/mit Hilfe
Mittag	**Mittag**
gestern, heute, morgen mittag	gestern, heute, morgen Mittag
möglich	**möglich**
alles mögliche kann passieren	alles Mögliche kann passieren
sein möglichstes tun	sein Möglichstes tun
Mop (Staubbesen)	Mopp
morgen	**morgen**
morgen früh, mittag, abend, nacht	morgen früh/Früh, Mittag, Abend, Nacht
gestern, heute morgen	gestern, heute Morgen
müssen	**müssen**
ich muß, du musst	ich muss, du musst
Myrrhe	Myrrhe/Myrre
nach …	**nach** …
im nachhinein	im Nachhinein
Nachlaß	Nachlass
nächste	**nächste**
der nächste kann eintreten	der Nächste kann eintreten
als nächstes möchte ich …	als Nächstes möchte ich …
Nacht	**Nacht**
(vor)gestern, heute, (über)morgen nacht	(vor)gestern, heute, (über)morgen Nacht
nahe liegend (Ort)	nahe liegend/naheliegend (Ort)

alt	*neu*
näher …	**näher** …
etwas des näheren erklären	etwas des Näheren erklären
naß	nass
Naßschnee	Nassschnee, Nass-Schnee
nebeneinander legen	nebeneinanderlegen
nebeneinander liegen	nebeneinanderliegen
nebeneinander setzen	nebeneinandersetzen
nebeneinander sitzen	nebeneinandersitzen
nein sagen	Nein sagen/nein sagen
Necessaire	Necessaire/Nessessär
neu	**neu**
etwas aufs neue versuchen	etwas aufs Neue versuchen
auf ein neues	auf ein Neues
neueröffnet	neu eröffnet/neueröffnet
nichts …	**nichts** …
nichtsahnend	nichts ahnend/nichtsahnend
nichtssagend	nichts sagend/nichtssagend
noch mal	noch mal/nochmal (nur umgangssprachlich!)
Null	**Null**
in Null Komma nichts	in null Komma nichts
die Tankanzeige steht auf Null	die Tankanzeige steht auf null
fünf Grad über Null	fünf Grad über null
Nullösung	Nulllösung/Null-Lösung
numerieren	nummerieren
Numerierung	Nummerierung
Nuß	Nuss
Nüßchen	Nüsschen
Nußschokolade	Nussschokolade/ Nuss-Schokolade
oben …	**oben** …
obenerwähnt	oben erwähnt/obenerwähnt
obenstehend	oben stehend/obenstehend

alt	*neu*
offen …	**offen** …
offenbleiben (Fenster)	offen bleiben (Fenster); offenbleiben (Frage)
offenlassen (Fenster)	offen lassen (Fenster); offenlassen (Frage)
oft	**oft**
des öfteren	des Öfteren
Ohm	**Ohm**
das Ohmsche Gesetz	das ohmsche Gesetz/ das Ohm'sche Gesetz
Open-air-Konzert	Open-Air-Konzert
Orthographie	Orthographie/Orthografie
Panther	Panther/Panter
papierverarbeitend	Papier verarbeitend/ papierverarbeitend
Pappmaché	Pappmaschee/Pappmaché
Paragraph	Paragraph/Paragraf
parallel …	**parallel** …
parallellaufend	parallel laufend/parallellaufend
parallelschalten	parallel schalten
parallelgeschaltet	parallel geschaltet/ parallelgeschaltet
Paß	Pass
Paßstraße	Passstraße/Pass-Straße
passen	**passen**
es paßt	es passt
Phon …	**Phon** …**/Fon** …
Phonetik	Phonetik/Fonetik
Phonzahl	Phonzahl/Fonzahl
Phot …	**Phot** …
photomechanisch	photomechanisch, fotomechanisch
Photosynthese	Photosynthese, Fotosynthese
Playback	Play-back/Playback

alt	*neu*
plazieren	platzieren
Pleite gehen	pleitegehen
Pornographie	Pornografie/Pornographie
Portemonnaie	Portmonee/Portemonnaie
potentiell	potenziell/potentiell
Preßluftbohrer, -hammer	Pressluftbohrer, -hammer
pressen	**pressen**
du, er, sie, es preßt	du, er, sie, es presst
probefahren	Probe fahren
Prozeß	Prozess
Quentchen	Quäntchen
quer …	**quer** …
quer legen, quer schießen	querlegen, -schießen
quergestreift	quer gestreift/quergestreift
Quickstep	Quickstepp
Rad …	**Rad** …
radfahren	Rad fahren
radschlagen	Rad schlagen
Rande …	**Rande** …
zu Rande kommen	zurande kommen/ zu Rande kommen
Rate …	**Rate** …
zu Rate ziehen	zurate ziehen/zu Rate ziehen
rauh	**rau**
Rauhfasertapete	Raufasertapete
Rauhhaardackel	Rauhaardackel
Rauhputz	Rauputz
Rauhreif	Raureif
raumsparend	Raum sparend/raumsparend
Recht …	**Recht** …
Recht behalten, bekommen, geben, haben	recht/Recht behalten, bekommen, geben, haben
regreßpflichtig	regresspflichtig

alt	*neu*
richtig …	**richtig** …
der, die, das richtige	der, die, das Richtige
richtig stellen	richtig stellen/richtigstellen (Uhr), richtigstellen (Behauptung)
Riß	Riss
Roheit	Rohheit
Rolladen	Rollladen/Roll-Laden
Rommé	Rommee
rotgestreift	rot gestreift/rotgestreift
rötlichbraun	rötlich braun
Roß	Ross
ruhenlassen	ruhen lassen/ruhenlassen
ruhigstellen (Gelenk)	ruhig stellen/ruhigstellen
Rußland	Russland
sauber …	**sauber** …
sauberhalten	sauber halten
saubermachen	sauber machen/saubermachen
Saxophon	Saxophon/Saxofon
Schalloch	Schallloch/Schall-Loch
schätzenlernen	schätzen lernen
schaudererregend	Schauder erregend/ schaudererregend
Schiffahrt	Schifffahrt/Schiff-Fahrt
schlecht …	**schlecht** …
schlechtgehen	schlecht gehen/schlechtgehen
schlechtgelaunt	schlecht gelaunt/schlechtgelaunt
schlimm	**schlimm**
das schlimmste ist, daß …	das Schlimmste ist, dass …
Schloß	Schloss
Schluß	**Schluss**
Schlußstrich	Schlussstrich/Schluss-Strich
schmeißen	**schmeißen**
sie schmiß sich ihm an den Hals	sie schmiss sich ihm an den Hals

alt	*neu*
schmutziggrau	schmutzig grau
schnelllebig	schnelllebig
Schnellastwagen	Schnelllastwagen/ Schnell-Lastwagen
schneuzen	schnäuzen
schießen	**schießen**
ich, er, sie, es schoß	ich, er, sie, es schoss
Schrittempo	Schritttempo/Schritt-Tempo
Schuld	**Schuld**
an etwas schuld haben	an etwas Schuld haben
sich etwas zuschulden kommen lassen	sich etwas zu Schulden/ zuschulden kommen lassen
Schuhcreme/Schuhkrem	Schuhcreme/Schuhkrem/ Schuhkreme
Schuß	Schuss
schußlig	schusslig
schwarz	**schwarz**
sich schwarz ärgern	sich schwarzärgern
schwarz brennen	schwarzbrennen
schwarz färben	schwarz färben/schwarzfärben
aus schwarz weiß machen	aus Schwarz Weiß machen
das Schwarze Brett	das schwarze/Schwarze Brett
das Schwarze Gold	das schwarze/Schwarze Gold
das Schwarze Loch	das schwarze/Schwarze Loch
der Schwarze Peter	der schwarze/Schwarze Peter
schwer ...	**schwer** ...
schwererziehbar	schwer erziehbar/schwererziehbar
schwerkrank	schwer krank/schwerkrank
schwerverständlich	schwer verständlich/ schwerverständlich
Schwimmeister	Schwimmmeister/ Schwimm-Meister
Science-fiction	Sciencefiction/Science-Fiction
seinlassen	sein lassen/seinlassen

alt	*neu*
… **seiten**	… **seiten**
auf seiten	aufseiten/auf Seiten
von seiten	vonseiten/von Seiten
selbst …	**selbst** …
selbständig	selbstständig/selbständig
selbstgebacken	selbst gebacken/selbstgebacken
selbstgebaut	selbst gebaut/selbstgebaut
selbstgemacht	selbst gemacht/selbstgemacht
selig machen	selig machen/seligmachen
seßhaft	sesshaft
Showdown	Show-down/Showdown
Shrimp	Schrimp/Shrimp
sicher	**sicher**
das sicherste ist, die Angelegenheit …	das Sicherste ist, die Angelegenheit …
er fühlt sich im sichern	er fühlt sich im Sichern
ein sicherwirkendes Mittel	ein sicher wirkendes/ sicherwirkendes Mittel
siedendheiß	siedend heiß
sitzenbleiben	sitzen bleiben/sitzenbleiben
sitzenlassen	sitzen lassen/sitzenlassen
so daß	sodass/so dass
sogenannt	so genannt/sogenannt
sonstig	**sonstig**
alles sonstige erübrigt sich	alles Sonstige erübrigt sich
soviel	**so viel**
soviel (wie) du willst	so viel (wie) du willst
soweit	**so weit**
es ist soweit	es ist so weit
soweit wie möglich	so weit wie möglich
sowenig	**so wenig**
ich kann das sowenig wie er	ich kann das so wenig wie er
bewege dich sowenig wie möglich	bewege dich so wenig wie möglich

alt	*neu*
Spaghetti	Spaghetti/Spagetti
spazierenfahren	spazieren fahren
spazierengehen	spazieren gehen
Spliß	Spliss
Sproß	Spross
stecken …	**stecken** …
steckenbleiben	stecken bleiben/steckenbleiben
steckenlassen	stecken lassen/steckenlassen
stehen …	**stehen** …
stehenbleiben	stehen bleiben/stehenbleiben
stehenlassen	stehen lassen/stehenlassen
Stengel	Stängel
Steptanz	Stepptanz
still	**still**
etwas im stillen vorbereiten	etwas im Stillen vorbereiten
sich im stillen wundern	sich im Stillen wundern
stillegen	stilllegen
Stoffetzen	Stofffetzen/Stoff-Fetzen
Stop	Stopp
streng …	**streng** …
strenggenommen	streng genommen/ strenggenommen
strengnehmen	streng nehmen
Streß	Stress
Streßsituation	Stresssituation/Stress-Situation
Stukkateur	Stuckateur
substantiell	substanziell/substantiell
tabula rasa machen	Tabula rasa machen
zutage treten	zutage treten/zu Tage treten
… **tägig**	… **tägig**
2tägig, 3tägig	2-tägig, 3-tägig
ein paar tausend	ein paar tausend/Tausend
Täßchen	Tässchen
Telefon/Telephon	Telefon

alt	*neu*
Thunfisch	Thunfisch/Tunfisch
Tie-Break	Tiebreak/Tie-Break
tief …	**tief** …
tiefbewegt	tief bewegt/tiefbewegt
tiefempfunden	tief empfunden/tiefempfunden
tiefgehend	tief gehend/tiefgehend
Tip	Tipp
Tolpatsch	Tollpatsch
tolpatschig	tollpatschig
Tomographie	Tomografie/Tomographie
tot …	**tot** …
totgeboren	tot geboren/totgeboren
sich totstellen	sich tot stellen
Trekking	Trekking/Trecking
treuergeben	treu ergeben/treuergeben
treusorgend	treu sorgend/treusorgend
trocken	**trocken**
auf dem trockenen sitzen	auf dem Trockenen sitzen
sein Schäfchen ins trockene bringen	sein Schäfchen ins Trockene bringen
trüb	**trüb**
im trüben fischen	im Trüben fischen
Typographie	Typografie/Typographie
übel	**übel**
übelgesinnt	übel gesinnt/übelgesinnt
übelnehmen	übel nehmen/übelnehmen
übelriechend	übel riechend/übelriechend
übereinander legen, stellen	übereinanderlegen, übereinanderstellen
überhand nehmen	überhandnehmen
überschwenglich	überschwänglich
übrig	**übrig**
ein übriges tun	ein Übriges tun
im übrigen	im Übrigen

alt	*neu*
alles übrige später	alles Übrige später
die übrigen kommen später	die Übrigen kommen später
übrigbehalten	übrig behalten
übrigbleiben	übrig bleiben
übriglassen	übrig lassen
umfassen	**umfassen**
er umfaßte das Buch	er umfasste das Buch
umsein (abgelaufen, vorbei sein)	um sein
um so (mehr, weniger, besser etc.)	umso (mehr, weniger, besser etc.)
unbekannt	**unbekannt**
Anzeige gegen Unbekannt	Anzeige gegen unbekannt
und ähnliches (u. ä.)	und Ähnliches (u. Ä.)
unerläßlich	unerlässlich
unermeßlich	unermesslich
unklar	**unklar**
im unklaren bleiben, lassen	im Unklaren bleiben, lassen
unpäßlich	unpässlich
Unrecht …	**Unrecht** …
Unrecht behalten, haben	unrecht/Unrecht behalten, haben
unselbständig	unselbstständig/unselbständig
unten	**unten**
untenerwähnt	unten erwähnt/untenerwähnt
untenstehend	unten stehend/untenstehend
unterderhand	unter der Hand
Varieté	Varietee/Varieté
veranlaßt	veranlasst
verbleuen	verbläuen
verborgen	**verborgen**
im verborgenen bleiben, blühen, leben	im Verborgenen bleiben, blühen, leben
Verdruß	Verdruss

alt	*neu*
verfassen	**verfassen**
du, er, sie verfaßt	du, er, sie verfasst
vergeßlich	vergesslich
Vergißmeinnicht	Vergissmeinnicht
verhaßt	verhasst
Verlaß	Verlass
verloren geben	verloren geben/verlorengeben
verlorengehen	verloren gehen
vermissen	**vermissen**
du, er, sie vermißt	du, er, sie vermisst
verpassen	**verpassen**
du, er, sie verpaßt	du, er, sie verpasst
das Flugzeug	das Flugzeug
verschiedenes mußten	Verschiedenes mussten
wir klären	wir klären
Verschlußsache	Verschlusssache/ Verschluss-Sache
verselbständigen	verselbstständigen/ verselbständigen
viel …	**viel** …
vielbefahren	viel befahren/vielbefahren
vielgefragt	viel gefragt/vielgefragt
vielgelesen	viel gelesen/vielgelesen
viel zuviel	viel zu viel
viel zuwenig	viel zu wenig
voll	**voll**
aus dem vollen schöpfen	aus dem Vollen schöpfen
von neuem	von Neuem/von neuem
von weitem	von Weitem/von weitem
von seiten	vonseiten/von Seiten
Voraus	**Voraus**
im voraus	im Voraus
Vorhinein	**Vorhinein**
im vorhinein	im Vorhinein

alt	*neu*
vorig	**vorig**
im vorigen wurde behauptet	im Vorigen wurde behauptet
Vormittag	**Vormittag**
(vor)gestern, heute, (über)morgen vormittag	(vor)gestern, heute, (über)morgen Vormittag
vorwärts gehen, kommen	vorwärtsgehen, vorwärtskommen
Waggon	Waggon/Wagon
Walkie-talkie	Walkie-Talkie
Walroß	Walross
warm stellen	warm stellen/warmstellen
wäßrig	wässrig
weich gekocht	weich gekocht/weichgekocht
Weißrußland	Weißrussland
weit …	**weit** …
weitblickend, -gehend,	weit blickend/weitblickend, weit gehend/weitgehend
-gereist, -greifend,	weit gereist/weitgereist, weit greifend/weitgreifend
-reichend, -tragend,	weit reichend/weitreichend, weit tragend/weittragend
-verbreitet	weit verbreitet/weitverbreitet
weiter …	**weiter** …
weiterbestehen	weiter bestehen/weiterbestehen
des weiteren wurde behauptet	des Weiteren wurde behauptet
im weiteren	im Weiteren
weitreichend	weitreichend/weit reichend
wesentlich	**wesentlich**
im wesentlichen handelt es sich um …	im Wesentlichen handelt es sich um …
wieviel	wie viel
wissen lassen	wissenlassen/wissen lassen
wißbegierig	wissbegierig

alt	*neu*
wohl …	**wohl …**
ein wohlbehütetes Kind	ein wohl behütetes/ wohlbehütetes Kind
ein wohlgeordneter Haushalt	ein wohl geordneter/ wohlgeordneter Haushalt
ein wohlüberlegter Plan	ein wohl überlegter/ wohlüberlegter Plan
wohlgeformt	wohlgeformt/wohl geformt
wohlgeraten	wohlgeraten/ wohl geraten
Wollappen	Wolllappen/Woll-Lappen
wunder	**wunder**
er glaubt wunder wie schlau zu sein	er glaubt Wunder wie schlau zu sein
wund …	**wund …**
sich wundliegen	sich wund liegen/wundliegen
Zäheit	Zähheit
Zeit …	**Zeit …**
zeitaufwendigt	zeitaufwendig/zeitaufwändig
eine Zeitlang	eine Zeit lang/Zeitlang
Zierat	Zierrat
zueinanderfinden	zueinander finden/ zueinanderfinden
zufrieden	**zufrieden**
jmdn. zufriedenstellen	jmdn. zufrieden stellen/ zufriedenstellen
zugrunde gehen, legen, liegen	zugrunde gehen, legen, liegen/ zu Grunde gehen, legen, liegen
zugrundeliegend	zu Grunde liegend/ zugrunde liegend
zugunsten	zugunsten/zu Gunsten
zu Lasten	zulasten/zu Lasten
jmdm. etwas zuleid(e) tun	jmdm. etwas zuleid(e) tun/ zu Leid(e) tun
zumute sein	zumute sein/zu Mute sein

alt	*neu*
zunutze machen	zunutze machen/ zu Nutze machen
zu Rande kommen	zurande kommen/ zu Rande kommen
jmdn. zu Rate ziehen	jmdn. zurate ziehen/ jmdn. zu Rate ziehen
zwanzig	**zwanzig**
die zwanziger Jahre	die zwanziger Jahre/ die Zwanzigerjahre
zusammensein	zusammen sein
zusein	zu sein
zustande bringen, kommen	zustande bringen, kommen/ zu Stande bringen, kommen
zutage fördern, treten	zutage fördern, treten/ zu Tage fördern, treten
zuteil werden	zuteilwerden
zuungunsten	zuungunsten/zu Ungunsten
zuviel	zu viel
zuwege bringen	zuwege bringen/ zu Wege bringen
zuwenig	zu wenig
zweite	**zweite**
er kann schuften wie kein zweiter	er kann schuften wie kein Zweiter
sie hat das Zweite Gesicht	sie hat das zweite/Zweite Gesicht
jeder zweite kommt	jeder Zweite kommt

Glossar der grammatischen Fachbegriffe

Die folgende Auflistung enthält kurze Erläuterungen zu einigen Begriffen aus der deutschen Grammatik, auf die vor allem im II. Kapitel dieses Buches eingegangen wird.

Adjektiv *Eigenschaftswort oder Wiewort (z. B. klein, rot, schön)*
Adverb *Umstandswort (z. B. gern, besser, abwärts)*
Akkusativ *Wenfall, der 4. Fall*
Aktiv *Tat- oder Tätigkeitsform (z. B. ich lade ein; vgl. Passiv)*
Artikel *Geschlechtswort (der, die, das; ein, einer, ein)*
Attribut *Beifügung (z. B. der große Kater)*
Dativ *Wemfall, der 3. Fall*
Deklination *Beugung von Substantiven, Adjektiven, Pronomen und Numeralien (z. B. der große Hund, des großen Hundes, dem großen Hund, den großen Hund)*
Demonstrativpronomen *hinweisendes Fürwort (z. B. dieser, diese, dieses)*
Diphthong *aus zwei Vokalen bestehender Doppellaut (z. B. ei, au, eu)*
Genitiv *Wesfall, der 2. Fall*
Indefinitpronomen *unbestimmtes Fürwort (z. B. jemand)*
Infinitiv *Grundform eines Verbs (z. B. lesen, schreiben)*
Komparativ *1. Steigerungsform von Eigenschafts- und Umstandswörtern (z. B. höher, schneller, weiter; vgl. Superlativ)*
Kompositum *zusammengesetztes Wort (z. B. Straßenverkehr)*
Konjugation *Beugung von Verben (z. B. wir singen, ihr singt, sie singen)*
Konjunktion *Bindewort (z. B. sondern, und, oder, aber, sowie)*
Konsonant *Mitlaut (z. B. p, t, d, f)*
Nominativ *Werfall, der 1. Fall*
Objekt *die Ergänzung (= ein Satzteil)*
Partikel *Sammelbegriff für Wörter, die ihre Form nicht verändern, auch Füllwörter genannt (z. B. nur, allerdings)*
Partizip *Mittelwort (z. B. schreibend, geschlagen, gedacht, sprechend)*
Passiv *Leideform (z. B. ich werde eingeladen; vgl. Aktiv)*
Personalpronomen *persönliches Fürwort (ich, du, er, sie, es, wir, ihr, sie)*

Plural *Mehrzahl (z. B. die Tiere; vgl. Singular)*
Possessivpronomen *besitzanzeigendes Fürwort (mein, dein, sein, ihr, unser, euer, ihr)*
Prädikat *die Satzaussage (= ein Satzteil)*
Präfix *Vorsilbe (z. B. »be-« in bewohnen, »Ent-« in Entladung; vgl. Suffix)*
Präposition *Verhältniswort (z. B. im, auf, an, bei, unter)*
Pronomen *Fürwort, das ein Substantiv vertritt (z. B. niemand, jener, dieser)*
Singular *Einzahl (z. B. das Tier; vgl. Plural)*
Subjekt *der Satzgegenstand (= ein Satzteil)*
Substantiv *Hauptwort (z. B. Haus, Stuhl)*
substantiviertes Verb *ein zum Hauptwort gemachtes Tätigkeitswort (z. B. das Parken, das Grübeln)*
Suffix *Nachsilbe (z. B. »-heit« bei Weisheit; vgl. Präfix)*
Superlativ *die 2. oder Höchststufe bei der Steigerung des Adjektivs (z. B. die schönste, am schönsten; vgl. Komparativ)*
Verb *Tätigkeitswort (z. B. schreiben, lesen)*
Vokal *Selbstlaut (a, e, i, o, u sowie die Umlaute ä, ö und ü)*

Was Sie noch wissen sollten ...

Das Autorenteam Hesse/Schrader ist seit mehr als zwanzig Jahren auf dem Sektor der Bewerbungsratgeber sowie zu weiteren Themen aus der Arbeitswelt publizistisch tätig. Am Anfang stand die erstmalige Veröffentlichung von so genannten Intelligenztests sowie deren kritische Reflexion in dem Buch Testtraining für Ausbildungsplatzsucher (1985) – allein dies inzwischen mit einer Gesamtauflage von knapp 1 Million Exemplaren.
Beide Autoren verfügen über eine langjährige Erfahrung als Seminarleiter bei test – und Bewerbungstrainings. 1992 gründeten sie in Berlin das Büro für Berufsstrategie, das Arbeitnehmer in allen beruflichen fragen berät und unterstützt.
In der Ratgebehr-Reihe *berufsstrategie exakt* präsentieren wir Ihnen die wichtigsten Bewerbungsthemen in kompakter Form: die verschiedenen Formen der schriftlichen Bewerbung, das Vorstellungsgespräch, Arbeitszeugnisse sowie zahlreiche Spezialbücher zur Vorbereitung auf Eignungs-, Einstellungs- und Auswahltests. Als Leser der Reihe haben Sie die Möglichkeit, einige Abschnitte des Buches auf der Seite *www.berufsstrategie-exakt.de* ãfür unterwegs“ kostenlos herunterzuladen. Zudem finden Sie dort weiterführende Informationen.
Lesern, die noch umfangreichere Informationen in den Bereichen Bewerbung, Beruf und Karriere wünschen, können wir auch unsere Bücher empfehlen, zum Beispiel die Praxismappe für die perfekte schriftliche Bewerbung. Darin werden Bewerbungen im DIN-A4-Format originalgetreu präsentiert.
Wir wünschen Ihnen viel Erfolg auf dem Weg zum neuen Job. Und denken Sie immer daran:
Wir sind nicht auf der Welt, um so zu sein, wie andere uns haben wollen!

Ihre Meinung ist uns wichtig!

Ihre Anregungen sind uns immer willkommen. Bitte teilen Sie uns mit diesem Schein – oder über das Kontaktformular auf unserer Website – Ihre Verbesserungsvorschläge mit!

weitere Informationen unter
www.stark-verlag.de

Titel-Nr.	Seite	Vorschlag

20-BK-E002

STARK Verlag · Postfach 1852 · D-85318 Freising
Tel. 0180 3 179000* · Fax 0180 3 179001*
www.stark-verlag.de · info@stark-verlag.de

* 9 Cent pro Min. aus dem deutschen Festnetz, Mobilfunk bis 42 Cent pro Min.
Aus dem Mobilfunknetz wählen Sie die Festnetznummer 08167 9573-0

STARK

Bitte hier abtrennen